Stefanie Jung
Best of Mainz

STEFANIE JUNG

BEST OF MAINZ

DIE STADT ENTDECKEN

Alle Rechte vorbehalten · Societäts-Verlag
© 2015 Frankfurter Societäts-Medien GmbH
Satz: Julia Desch, Societäts-Verlag
Umschlaggestaltung: Julia Desch, Societäts-Verlag
Umschlagabbildung: Titelseite - Achim Katzberg; Stefanie Jung
Druck und Verarbeitung: CPI – Ebner & Spiegel, Ulm
Printed in Germany 2015

ISBN 978-3-95542-151-9

Inhalt

Best of Mainz 8
Die Stadt entdecken

Stadtviertel, die ihr kennen müsst – und warum 10

24 Stunden Mainz 16

Schlafen in Mainz 26
Turm Fort Stahlberg | Hotel Hof Ehrenfels | Hotel INNdependence |
Hotel Hyatt Regency Mainz

Ausgehen in Mainz 40
Am Bassenheimer Hof | Café Annabatterie | Bar jeder Sicht | Restaurant Bootshaus | Buddhas | Ristorante Como Lario | dicke lilli, gutes kind | Gebert's Weinstuben | Zum Goldstein | Heiliggeist | Hottum | Ristorante Incontro | Brits Kwisin | Laurenz | Kaffeehaus Lönneberga | Weinhaus Michel | Möhren Milieu | Patagonia | Schrebergarten | Souperie

Shopping in Mainz 118
Alpkäsladen | Anja Gockel Shop | Brockenhaus | Bukafski | Fuchs & Bente | Gaumenschnaus | Huthaus am Dom | Janablume Vintage | Le Poivre | Mainzer Kaffeemanufaktur | Marsico | Natürlich Mainz | Serendipity | Uah! Der Werkstattladen | Weinraumwohnung

Kultur in Mainz 168
Capitol & Palatin | CinéMayence | Mainzer Kammerspiele | Mainzer Unterhaus | Museum für Antike Schifffahrt | Isis- und Mater-Magna-Heiligtum | Kunsthalle | Synagoge | Fuksas-Häuser | Mainzer Rathaus | Kirche St. Johannis | Kirche St. Stephan | Dom St. Martin

Relaxen in Mainz 200
Drei-Brücken-Weg | Die Zitadelle entdecken | Auf den Spuren Gutenbergs | Stephansgarten | Rosengarten | Serenadengarten | Taubertsbergbad | Coface-Arena | Blockwerk Mainz

Relaxen für Familien 228
Goetheplatz | Planschbecken | Volkspark | Gewächshäuser im Botanischen Garten | Druckladen | Naturhistorisches Museum

Mainz praktisch... 242
Mainzer Mundart | Mainz in Zahlen | Stadtbesichtigung mal anders | Great Wine Capitals | Feste feiern in Mainz | Nachtleben | Nützliche Adressen | Anreise | Best-of-Mainz-BLOG

Persönliche Best-of-Adressen 257

Bildnachweis 260

Best of Mainz

Die Stadt entdecken

Mainz ist hip und urban. Und bleibt sich seiner Tradition doch bewusst. In kaum einer Landeshauptstadt verändert sich das städtische Umfeld derzeit so schnell. Mainz zählt zu den schönsten Städten in Deutschland. Hier gibt es gute Restaurants, gemütliche Weinstuben, originelle Cafés und Geschäfte, und eine Menge Kultur. Was fehlte, war bislang ein Reisekompendium, das die besten, spannendsten und schönsten Adressen der Metropole filtert und empfiehlt.

Best of Mainz schließt diese Lücke endlich. Hier erfährt man nicht alles und jedes. Dafür aber das wirklich Authentische und Besondere. Genau das, was man für eine perfekte Zeit in Mainz braucht. Lieblingsadressen eben! Verraten wird außerdem eine kleine, aber besondere Auswahl an Sehenswürdigkeiten, Spaziergängen und Freizeitmöglichkeiten. In welchen Restaurants wird man so richtig glücklich? Wo gibt es die interessantesten Geschäfte? Welches Hotel ist das richtige? Best of Mainz ist ein lebendig fotografierter Insider-Guide und nimmt Sie einfach mit, von einem Lieblingsplatz zum nächsten. Denn alle hier vorgestellten Lieblingsplätze sind sorgfältig recherchiert, persönlich getestet, und für gut befunden. Mainz hat viele Gesichter und lässt sich aus ganz unterschiedlichen Perspektiven erkunden. Statt von einer Ecke in die andere zu hetzen, bietet dieses Buch mit seinen handverlesenen Empfehlungen die Gelegenheit stilvoll zu genießen.

Viel Spaß dabei!
Stefanie Jung

Stadtviertel, die ihr kennen müsst – und warum

In Mainz weht ein frischer Wind, der auch zu einer Neubelebung der verschiedenen Viertel beiträgt. So hat sich an verschiedenen Plätzen in Mainz eine kleine, aber hippe Szene entwickelt, die ständig neuen Zuwachs bekommt. Dabei haben die einzelnen Quartiere ihre ganz eigenen Merkmale: Von schick bis bohemian, von studentisch bis multikulturell. Auf jeden Fall solltet ihr einige dieser interessanten Viertel besuchen. Nur dann lernt ihr Mainz richtig kennen.

Gaustraße

Durch sie führt der Weg hinaus, ins „Gau", aufs Land, in diesem Fall also nach Rheinhessen. Als Stadtausfahrt war die „Gaugass", wie die Mainzer sie heute noch nennen, lange Zeit ein Stiefkind der Mainzer. Heute paart sich hier ganz stark das Alte mit dem Neuen. Innerhalb kurzer Zeit hat sich das Nadelöhr so zum Szene-Stadtteil mit Cafés, Bars, Restaurants und Vinotheken sowie Galerien und Geschäften entwickelt. Mittlerweile kann man sich hier bestens den Tag und durchaus abwechslungsreich den Abend vertreiben. Unmittelbar am Fuß der „Gaugass" liegt die Traditionskneipe Zur Andau (Gaustraße 77, Tel. 0 61 31/23 15 86). Das japanische Restaurant Niko Niko Tei (Gaustraße 73, Tel. 0 61 31/2 11 28 88) ist für seine authentische Küche bekannt. Ein Geheim-Tipp ist die idyllische Hinterhofterrasse. Auch das familienfreundliche Café

Lönneberga (s. S. 100) hat einen hübschen, von der Gaustraße nicht einsehbaren, Kaffeegarten – und sogar ein eigenes Stillzimmer zu bieten. Die Weinbar Wangenrot (Stefansplatz 1, Tel. 0 61 31/5 53 94 93) ist eine Vinothek mit einer guten Weinauswahl und kleinem Speisenangebot. „Hot or not?" lautet die Frage im M21 Gulasch-House (Gaustraße 9, Tel. 0 61 31/5 86 39 68). Die Qual der Wahl hat man hier lediglich zwischen einer pikanten oder scharfen Gulaschsuppe.

Neustadt

Vielen noch bekannt als klassischer Arbeiterbezirk, wird die gesamte Neustadt in den letzten Jahren mehr und mehr von jungen Menschen, Künstlern und Jungunternehmern sowie Familien entdeckt. Die Neustadt verfügt über besonders viel Grün und große, immer schöner werdende Plätze. Der neue, besonders beliebte Kern des Quartiers, ist derzeit das Gebiet rund um den Gartenfeldplatz. Die Architektur der ihn umrahmenden Häuser lässt erahnen, wie es hier einmal aussah. Endlich spielen unter den großen, schattenspendenden Bäumen wieder Kinder und sitzen Menschen auf den Bänken, die ein Eis der Eisdiele N'Eis schlecken (N'Eis – das Neustadteis, Gartenfeldplatz 12, Tel. 0 61 31/4 87 06 77). Als Erste eröffnete hier Gesa Kohlbach im Sommer 2010 ihr Café Annabatterie (s. S. 46), dem dann viele weitere Läden folgten. Die kleineren Brüder vom Gartenfeldplatz sind der Frauenlobplatz und der Sömmeringplatz. Auch hier ist Aufbruchstimmung wahrzunehmen. Wie sich diese bisher ruhigeren Plätze in den nächsten Jahren entwickeln, bleibt abzuwarten. Dass jeder sein eigenes Profil entwickelt, wäre wünschenswert.

Altstadt

Streng genommen, zählt das gesamte Stadtgebiet südlich der Kaiserstraße zur Altstadt. Sprechen die Mainzer aber von DER Altstadt, meinen sie meist das historische Gebiet rund um den Dom, wo sich die ältesten Häuser der Stadt, viele Sehenswürdigkeiten, kleine Geschäfte, Weinstuben und andere Einkehrmöglichkeiten befinden. Die Straßen hier sind verwinkelt, und wohin es einem am Ende verschlägt, entscheidet jeder für sich. Mittendrin liegt das Weinhaus Spiegel (Leichhofstraße 1, Tel. 0 61 31/22 82 15), im Sommer mit Sitzmöglichkeiten im Freien. Die malerische Augustinerstraße ist die Flaniermeile der Altstadt und war einst die Hauptgeschäftsstraße von Mainz. Die ältesten Fachwerkhäuser der Stadt befinden sich im angrenzenden Kirschgarten. In der Augustinerstraße ist – kaum überraschend – die Augustinerkirche, Seminarkirche des Priesterseminars, sehenswert. Der gegenüberliegende Frankfurter Hof (Augustinerstr. 55, Tel. 0 61 31/22 04 38) ist die Geburtsstätte der politisch-literarischen Mainzer Fastnacht. Heute finden hier Konzert- und andere Veranstaltungen statt. Das Ristorante Al Cortile (Kartäuserstr. 14, Tel. 0 61 31/61 78 78) ist ein beliebtes Restaurant mit guter italienischer Küche. Besonders schön sitzt man im Sommer im Innenhof. In der Kapuzinerstraße waren die Schiffer, Fährleute und Fischer ebenso zuhause, wie einst der Ritterorden der Templer. Interessant ist die Kirche St. Ignaz, mit ihrer prächtigen Sandsteinfassade. Gegenüber hat das erste vegane Weinlokal der Stadt, „Gutenberger" (Kapuzinerstraße 29, Tel. 0 61 31/21 67 51 6) eröffnet.

Weinhaus | Shopping | Kultur | Relax | Praktisch | Best of Mainz

24 Stunden Mainz

Manchmal muss es einfach der perfekte Tag sein. Ob man in Mainz lebt, nur für 24 Stunden oder eine ganze Woche da ist. Auf ausgelatschten Touri-Pfaden wandert niemand gerne. Für den perfekten Tag in Mainz braucht es nicht viel. Wenn man die richtigen Adressen hat. Die nachfolgenden Tipps sind als Anregungen für all jene gedacht, die Mainz ganz entspannt an einem Tag erleben möchten. Der größte Vorteil an dieser Stadt: Hier kann man alles zu Fuß erledigen. Oder schnell mal aufs Rad umsteigen.

10.00 Uhr | Frühstück im Café „dicke lilli, gutes kind"

Der Start in den Tag beginnt mit einem Frühstück in der Gaustraße. Im Café „dicke lilli – gutes kind" (s. S. 66) sitzt man in entspannter Vintage-Atmosphäre und hat die Straße mit der steilsten Straßenbahnstrecke Deutschlands bestens im Blick. Genau gegenüber liegt Fuchs & Bente (s. S. 134). Der Einrichtungsladen mit besonderen Stücken für Haus und Garten, die oft aus kleinen Manufakturen stammen, ist in jedem Fall einen Besuch wert.

11.00 Uhr | Mainzer Wochenmarkt

Abwärts schlendert ihr in Richtung Schillerplatz. Hier ist der Fastnachtsbrunnen mit den von Wasser umsprudelten Figuren ein absoluter Hingucker. Der Dom bietet uns Orientierung auf dem Weg zum Mainzer Wochenmarkt. Nach Herzenslust und mit viel Muse gucken, schnüffeln und genießen. Immer dienstags, freitags und samstags bauen die Händler in aller Frühe ihre Marktstände im Schatten des Doms auf und bieten jegliche Art von Obst und Gemüse, Blumen, Feinkost, Wurst, Fleisch und Wein. Von März bis November findet samstags auf dem Liebfrauenplatz parallel das Marktfrühstück der Winzer (www.diemainzerwinzer.de) statt. Toll für eine zweite Stärkung!

13.00 Uhr | Como Lario

Durch die Römerpassage mit vielen Shops und einer sehenswerten Inszenierung des Isis- und Magna-Mater-Heiligtums in der Taberna Archaeologica (s. S. 182), geht es zum Mittagessen in einen Mainz-Klassiker: das Ristorante Como Lario (s. S. 63). Bruno Bellini hat 1962 in Mainz das erste ausländische Restaurant überhaupt eröffnet. Viele Mainzer haben hier die Pizza zum ersten Mal probiert. Sie ist noch genauso lecker wie damals – und auch insgesamt hat sich seither so gut wie nichts verändert. Und genau das macht den unnachahmlichen Charme von Brunos „Como Lario" aus.

15.00 Uhr | Kunsthalle Mainz

Ein gemütlicher (Verdauungs-) Spaziergang am Rhein entlang ist jetzt genau das Richtige. Es geht in Richtung Zollhafen, zur Kunsthalle Mainz (s. S. 186). Unverwechselbares Erkennungsmerkmal des Ausstellungshauses für internationale zeitgenössische Kunst ist der aus dem Ausstellungsgebäude ragende grüne „Schiefe Turm". Die Kunst wechselt hier im Rahmen von thematischen Ausstellungen regelmäßig. Für einen kleinen

Energieschub zwischendurch bietet sich das Café „7 Grad" (Am Zollhafen 3–5, Tel. 0 61 31/4 94 80 94) im Erdgeschoss an. Ein bisschen Industriecharme vergangener Zeiten ist noch zu spüren und der Kuchen ist lecker. Wir überqueren die Rheinallee und spazieren in die Neustadt.

16.30 Uhr | Bummel durch die Neustadt

Die Neustadt – das kann Liebe auf den zweiten Blick sein. Wer sich nicht abschrecken lässt, kann im multikulturellsten Stadtteil von Mainz viel entdecken. Nicht umsonst gilt die Neustadt als das facettenreichste Viertel der Landeshauptstadt. Wer mondänen Chic sucht, ist hier allerdings fehl am Platz. Zu den kulturellen Highlights zählen die Kunsthalle (s. S. 186) und die neue jüdische Synagoge (s. S. 188). Alle Wege führen derzeit in Richtung Gartenfeldplatz, mit vielen, ständig neu dazukommenden hippen

Läden. „N'Eis" (Gartenfeldplatz 12, Tel. 0 61 31/4870677) steht für Neustadt-Eis und hat auch wegen seiner ungewöhnlichen Eissorten Kultstatus. Was die stets langen Schlangen vorm Eckladen beweisen.

Zurück in die Altstadt bummelt ihr am besten durch die Neubrunnenstraße. Sie bietet mittlerweile eine spannende Mischung aus alteingesessenen Traditionsläden – wie dem ältesten Friseursalon der Stadt (Familienbetrieb seit 1897), Salon Bauer (Neubrunnenstr. 14, Tel. 0 61 31/223389) oder im Kontrast dazu dem Weinladen Weinraumwohnung (s. S. 164), dem Skate-, Surf- und Streetware-Store Asphaltinstrumente (Neubrunnenstr. 10, Tel. 0 61 31/223389), oder der Boutique Serendipitiy (s. S. 160), wo ihr im minimalistisch stylischen Ambiente Kleidung, Schuhe und Accessoires findet.

18.00 Uhr | Hotel Hof Ehrenfels

Wer in Mainz übernachten will: Die Lage vom Hotel Hof Ehrenfels (s. S. 27), inmitten der Mainzer Altstadt, ist kaum zu toppen. Ein Geheim-Tipp sind die ruhigen Zimmer mit ihrem einzigartigen Blick auf den Mainzer Dom (bei der Buchung nachfragen)! Und morgens gibt's ein leckeres Frühstück mit

den leckeren Brötchen von der Altstadtbäckerei Vetter (Jakobsbergstr. 4, Tel. 0 61 31/228225).

20.00 Uhr | Weck, Worscht und Woi

Dem Mainzer Dreiklang „Weck, Worscht und Woi" frönt ihr am besten in einer der Weinstuben in der Mainzer Altstadt. Hier wird auch noch zusammengerückt, wenn eigentlich gar keiner mehr an den Tisch geht. Je enger, desto besser! Unmittelbar neben dem Hotel Ehrenhof liegt die urige Weinstube Hottum (s. S. 82), in der schon seit über 200 Jahren Wein ausgeschenkt wird. Das Weinhaus Schreiner (Rheinstr. 38, Tel. 0 61 31/225720) ist unschwer an seiner grünen Fassade zu erkennen. Ebenfalls in der Rheinstraße liegt das urgemütliche Weinhaus Wilhelmi (Rheinstr. 53, Tel. 0 61 31/224949). In der Jakobsbergstraße ist das Weinhaus Michel (s. S. 105) zuhause, und gleich gegenüber befindet sich die Weinstube Lösch (Jakobsbergstr. 9, Tel. 0 61 31/220383) mit ihrer holzgetäfelten Stube.

22.00 Uhr | Mainz bei Nacht!

Natürlich hat das Mainzer Nachtleben so einiges zu bieten. Von der Altstadt aus ist es nicht weit in die verschiedenen Clubs und Bars. Für den gediegenen Ausklang des Tages, empfiehlt sich die Fort Malakoff Bar im Hotel Hyatt Regency. Klein aber fein und zum Abtanzen wie gemacht, ist das Roxy (www.myroxy.de). Feierwütige House- und Elektro-Liebhaber fühlen sich im 50 Grad (Tel. 0 61 31/214753, www.50grad.de) wohl, gemütlich schräg geht es in der Dorett-Bar (Tel. 0 61 31/385850, www.dorett-mainz.de) oder im Red Cat (Tel. 61 31/225656, www.redcat-club.de) zu. Wer vorbereitet sein will, schaut vorher auf den jeweiligen Club-Websites nach, was an diesem Abend los ist. Und dann heißt es nur noch anstoßen: Prost, das war ein wunderschöner Tag in Mainz!

Schlafen in Mainz

Natürlich gibt es auch in Mainz eine Menge Hotels, Pensionen und Gasthöfe, in denen man übernachten kann. Das richtig „Besondere" in der Stadt zu finden, ist allerdings nicht so leicht. Was auch daran liegen mag, dass es wenig individuelle, inhabergeführte Adressen gibt, die sich von der Masse der Hotelketten abheben und denen – leider – viel zu oft der „gewisse Charme" fehlt. Glücklicherweise wird die Dominanz der Ketten durch einige Perlen gemildert. Sie zählen aus ganz unterschiedlichen Gesichtspunkten zu „Best of Mainz": Ein Kleinod unter den Privatunterkünften ist der historische Turm des früheren Fort Stahlbergs (s. S. 28) in der Mainzer Oberstadt. Seit 2011 kann das Schmuckstück für eine Übernachtung oder auch einen längeren Aufenthalt gemietet werden.

Auch das unweit des Turms liegende Hotel Inndependence (s. S. 34) ist eine besondere Adresse. In dem Mittelklassehotel herrscht ein ausgewogenes Preis-Leistungs-Verhältnis und dort arbeiten Menschen mit und ohne Behinderung. Die Einrichtung des Hotels ist geschmackvoll und die Atmosphäre so entspannt, dass man sich einfach wohlfühlt. Mitten in der Altstadt liegt das Hotel Hof Ehrenfels. Die Zimmer sind allesamt renoviert und ein Geheim-Tipp sind jene, deren Fenster in Richtung Dom geht! Was das Thema Luxus angeht, steht das Mainzer Hyatt Regency (s. S. 38) in Kontrast zu den vorangegangenen Tipps. Und auch wenn es zu einer großen Kette gehört, hat es im Hinblick auf den hervorragenden Service, den gelebten regionalen Bezug und das spannende Ambiente Aufnahme in dieses Kompendium gefunden.

Übernachten im Turm

Oberhalb von Zahlbach hatten Mainzer Jakobiner eine Erdbefestigung, die „Klubistenschanze" angelegt, die Preußen und Österreicher gleichermaßen immer wieder versuchten zu erobern. In der zweiten Befestigungsphase der Festung Mainz wurde die Schanze in das heute noch vorhandene Fort Stahlberg umgebaut. Der Turm selbst sollte ein Gedächtnismal sein, stammt aus den frühen 1920er Jahren und wurde als dreigeschossiger Aussichtsturm mit Treppenturm aus Weiß- und Rotsandstein gebaut. Nun ist dieser Turm aber nicht irgendein Turm. Denn das historische Gemäuer kann gemietet werden. Zum Zeitpunkt des Verkaufs war er allerdings völlig heruntergekommen. Bis die Familie Diemer sich seiner annahm. Und den Turm in kleinen Schritten, Stück für Stück, begann wohnlich herzurichten. 2011 konnte das Schmuckstück dann zum ersten Mal vermietet werden. Geeignet ist die Immobile für vier Personen. In jeder Etage gibt es einen Raum. In der Küche im Erdgeschoss kann das Frühstück zubereitet werden. Kaffee und Tee sind, ebenso wie die zugehörige Milch, umsonst. Alles ist dafür vorbereitet, die Küche noch weiter auszubauen. Direkt nebenan befindet sich das Bad. Eine Etage darüber das Schlafzimmer mit einem Doppelbett. Einen weiteren Stock höher liegt das Wohnzimmer, mit zwei ausziehbaren Sesseln. Ganz oben, geht es dann hinaus – aufs Dach. Von der römischen Wasserleitung bis zum Lerchenberg reicht der 365 Grad-Rundumblick. Dieser Turm ist für Menschen, die Mainz besonders individuell entdecken und genießen wollen. Für kleine Kinder ist er wegen der steilen Treppen leider nicht gut geeignet.

Landwehrweg 33
55131 Mainz
Tel. 06131/3296768

http://turmfortstahlberg-public.sharepoint.com
Preise: ab 88 Euro, inkl. Kaffee, Tee und Parkplatz

Weinhaus | Shopping | Kultur | Relax | Praktisch | Best of Mainz

Grebenstraße 5 · 55116 Mainz
Tel. 06131/9712340
www.hof-ehrenfels.de

Preise:
DZ ab 90 Euro
inkl. Frühstück

Hotel Hof Ehrenfels

Das Hotel Hof Ehrenfels befindet sich mitten in der Mainzer Altstadt. Trotzdem kann man hier, in den zum Dom gelegenen Zimmern, die größtmögliche Ruhe erwarten. Aus den Fenstern schweift der Blick über den Weingarten des Hotels und das Dach des modernen Chorhauses hin zum Domgebirge.

Zum Hotel zählen auch ein Weinhaus und der von historischem Gemäuer umgebene Innenhof. Es gibt Weine aus der Region, dazu kulinarische Weinhaus-Klassiker. Durch einen Besitzerwechsel ist das gesamte Ensemble aus seinem Dornröschenschlaf erwacht. Die insgesamt 22 Zimmer des Hotels und ein Appartement sind über die drei Stockwerke des historischen Altbaus verteilt.

Hotel INNdependence

Es kann auch durchaus schön sein, nicht mitten in der Stadt zu wohnen. Das Hotel INNdependence befindet sich in der Oberstadt und die Innenstadt ist von hier aus mit einem kurzen Spaziergang immer noch zu Fuß – oder auch mit der in unmittelbarer Nähe abfahrenden Straßenbahn – zu erreichen.

Das Hotel wurde im Jahr 2000 eröffnet und hat eine Besonderheit: Hier arbeiten Menschen mit und ohne Behinderung. Die Tätigkeit im INNdependence bietet ihnen die Möglichkeit, ein selbstbestimmtes Leben mitten in der Gesellschaft zu führen. Für die Gäste des barrierefreien Drei-Sterne-Hauses mit insgesamt 32 Zimmern bedeutet dies, dass Unterschiedlichkeit als Normalität gelebt und erlebt wird. Alle Zimmer sind hell und freundlich eingerichtet: modern, geradlinig und stilvoll wie das gesamte Hotel. In einigen Zimmern stellen Fototapeten mit Motiven vom Mainzer Rathaus oder vom Kurfürstlichen Schloss den regionalen Bezug her und geben dem Ambiente eine besondere Note. Es gibt Zimmer, die barrierefrei und auf unterschiedliche Bedürfnisse zugeschnitten sind. Dabei besteht die Wahl zwischen den neuen und schicken DeLuxe-Zimmern, die sich im 2013 angegliederten Neubau befinden, und den bewährten Standardzimmern des Altbaus. Zur Übernachtung gehört ein frisches Frühstück vom Buffet, das im Sommer auf der Terrasse eingenommen werden kann. Hotelgäste, Nachbarn aus der Mainzer Oberstadt und Angestellte der umliegenden Bürohäuser genießen oft und gerne im Restaurant das täglich wechselnde Lunchbuffet.

Gleiwitzer Straße 4
55131 Mainz
Tel. 0 61 31/25 05 38-0

www.inndependence.de
Preise: DZ ab 94 Euro
inklusive Frühstück

Best of Mainz | 24 Stunden Mainz | **Unterkunft** | Restaurant | Café

Hotel Hyatt Regency Mainz

Der Blick ist einmalig. Er fällt aus vielen Zimmern, dem Restaurant und den Terrassen auf den Rhein und die Mainmündung. Eine tolle Kombination aus Moderne und Historie macht die besondere Atmosphäre des Hyatt Regency aus, in dem es auch ansonsten viel zu sehen gibt. Mit der Kunst aus Ausstellungen regionaler Künstler, Skulpturen und gemütlichem Mobiliar ausgestattet, wirkt es schon beim Betreten des Foyers sehr behaglich.

Von den insgesamt 286 großzügigen und nach neuestem Komfort mit warmen Materialien ausgestatteten Zimmern sind jene besonders attraktiv, die den freien Blick auf den Fluss, die Mainmündung und darüber hinaus ermöglichen. Für alle, die ein Hotel mit perfektem Styling suchen, ist das Hyatt das Richtige. Auf kulinarische Highlights kann man sich beim Besuch des Restaurants Bellpepper freuen. In der für Mainz einzigartigen offenen Showküche wirbeln Jungkoch Sven-Ole Hastreiter und seine Küchencrew. Die Kreationen aus frischen und lokalen Produkten werden direkt vor den Augen der Gäste zubereitet. Das Frühstücksbuffet steht Nicht-Hotelgästen ebenso offen und erfüllt jeden denkbaren Wunsch. Eine gediegene, intime Atmosphäre herrscht in der Malakoff-Bar im historischen Teil, der in den modernen Hotelkomplex integrierten Festung Fort Malakoff. Während der ganzen Woche ist geöffnet, freitags steht Live-Musik auf dem Programm.

Malakoff-Terrasse 1
55116 Mainz
Tel. 06131/731234

www.mainz.regency.hyatt.com
Preise: DZ ab 168 Euro
inkl. Frühstück

Weinhaus | Shopping | Kultur | Relax | Praktisch | Best of Mainz

Ausgehen in Mainz

Die Kultstätten von Weck, Worscht und Woi sind in Mainz die Weinstuben. Je enger man sitzt, umso besser. Ausprobieren kann man das außer in der Mainzer Altstadt auch in der Neustadt, zum Beispiel im für seine Schnitzel und den Handkäs' bekannten Weinhaus Kurfürst (Kurfürstenstr. 33, Tel. 0 61 31/62 99 53 5) oder dem Laurenz (s. S. 96), einer Mischung aus Weinbar, Restaurant und Vinothek. Die Klassiker unter den Weinstuben liegen in der Altstadt und neben den zuvor beschriebenen sind das zum Beispiel die Weinstube Roter Kopf (Fischergasse 3, Tel. 0 61 31/23 10 13), oder die Weinstube Bacchus (Jakobsbergstr. 7, Tel. 0 61 31/2 24 29). Mainz hat keine große Kneipenkultur. Wer Lust auf ein frisches Bier hat, besucht Traditionskneipen wie die Zeitungs-Ente (Neubrunnenstraße 7, Tel. 0 61 31/22 27 28) oder Schröder (Illstr. 14, Tel. 0 61 31/60 45 15). Im Hintz & Kuntz (Fischtorstr. 1, Tel. 0 61 31/1 44 47 07) treffen sich Jung und Alt, genießen den Ausblick auf den Dom und schlürfen hippe Getränke. Wem nach leckeren Steaks ist, wird zwischen Schillerplatz und Großer Langgasse, im El Chico (Kötherhofstr. 1, Tel. 0 61 31/23 84 40), glücklich. Traditionell österreichisch- deutsche Küche und leckere Hähnchen gibt es in der Neustadt am Frauenlobplatz im Hahnenhof (Wallaustraße 18, Tel. 0 61 31/21 21 50). Von der Inneneinrichtung bis zum Speiseangebot exotischer geht es im „Ein Herz für Afrika" (Gaustr. 38, Tel. 0 61 31/3 80 81 11) zu. Mit den ersten Sonnenstrahlen startet in Mainz die Freiluftsaison in der Gastronomie. Cafés und Restaurants machen ihre Terrassen fit für den Sommer und auch die Biergärten entlang des Rheinufers haben sich dann gerüstet. Strand- und Sommerfeeling satt bietet der Mainz-Strand (www.mainzstrand.de) an der Theodor-Heuss-Brücke.

Am Bassenheimer Hof

Ursprünglich geplant war der Bassenheimer Hof als Sitz einer adeligen Witwe. In unmittelbarer Nachbarschaft, mit der unspektakulär klingenden Adresse „Acker 10", befindet sich seit rund 25 Jahren eine besondere gastronomische Adresse: Das Restaurant und Bistro mit dem Namen „Am Bassenheimer Hof" von Michael Müller. Über Pflastersteine geht es in ein 1794 als Winzerdomizil erbautes Häuschen. Heute ist hier ein Lokal zuhause, in dem die Tradition bewahrt wird. Für die geschmackvolle, zeitlos elegante Inneneinrichtung und den Service ist Dagmine Wolf verantwortlich. Bodenständig regional, mit mediterranen Akzenten ist die kreative Küche, die Küchenchef Jochen Dietz gemeinsam mit Michael Müller plant und im Bistro und Restaurant serviert. Die unterschiedlichen Speisekarten wechseln im Schnitt einmal im Monat, im Bistro im Erdgeschoss auch häufiger. Die Kalbsleber oder Nierchen zählen hier zu den Klassikern, das gleichfalls beliebte Cordon Bleu wird auch schon mal mit einem italienischen Rosmarinschinken aufgepeppt. Regional daher kommt ein rheinhessisches Leberwurstsoufflé mit einer würzigen Dijonsenfsoße und gedünsteten Essiggurken.

Zum Restaurant führt eine steile Stiege in die erste Etage. Hier werden drei verschiedene Vier-Gang-Menüs angeboten, die individuell variiert werden können. Im Biedermeier-Zimmer auf gleicher Ebene können bis zu zehn Personen im intimen, zeitgenössischen Rahmen dinieren. Die Weine stammen aus der hauseigenen, sorgfältig zusammengestellten Vinothek. Im Sommer sitzt man im malerischen Innenhof oder vor dem Haus, auf Meenzer Kopfsteinpflaster.

Acker 10 · 55116 Mainz   www.ambassenheimerhof.de
Tel. 06131/237357   täglich, ab 18 Uhr

Café Annabatterie

Gesa Kohlenbach hat schon während des Architekturstudiums gemerkt, dass Büroarbeit nichts für sie ist. Als Freunde sie auf den freigewordenen Laden am Gartenfeldplatz aufmerksam machten, zögerte sie nicht lange – und eröffnete als Erste der daraufhin am Gartenfeldplatz zügig nachfolgenden Läden im Jahr 2010 ihr zauberhaftes Eckcafé. Ein gemütlicher Ort, an dem man sich mit Freunden treffen – und dabei auch noch leckeren Kuchen essen kann. Um so professionell wie möglich zu sein, hat sie sich zur Köchin und Patissiere ausbilden lassen. Wer das Café betritt, steht mittendrin in einem Sammelsurium aus liebevollen Details. Einem Laden mit Seele also. Auf der kleinen, feinen Karte wird man morgens vom gesunden Frühstück bis abends zum leckeren Snack fündig. Mittags stehen üppig belegte Sandwiches auf dem Programm. Das Brot stammt vom Biobäcker, die Aufstriche und Müslis werden selbst gemacht. Hitverdächtig sind die frischen Blaubeerpfannkuchen.

Klar im Fokus steht jedoch der in der eigenen Backstube produzierte Kuchen. Auch hier wird auf kleine, eher außergewöhnliche Varianten gesetzt. Der Rote-Bete-Kuchen mit salzigem Karamell, der Rosmarin-Kirsch-Crumble oder der Erdbeer-Basilikum-Kuchen sind da nur einige Beispiele. Den ungewöhnlichen Namen für ihr Café verdankt sie übrigens ihrer Mutter. Die machte Urlaub in Tirol und besuchte eine Burg, mit Kräutergarten, der einst der Herzogin Anna gehörte und den Namen Annabatterie trug. „Wie gemacht für mein Café am Gartenfeldplatz", findet Gesa. Wie wir auch.

Weinhaus | Shopping | Kultur | Relax | Praktisch | Best of Mainz

Erdbeer-Basilikum Cheesecake

Eine erfrischende „no-bake"-Variante des New Yorker Klassikers von Gesa Kohlenbach.

Zubereitung:

Vollkornkekse fein mahlen. Das geht am besten mit einem Pürierstab oder in der Küchenmaschine. Das Keks-Mehl mit den übrigen Zutaten in einer Schüssel gut mischen. Die Masse in eine Springform geben und fest andrücken bis ein glatter Boden entsteht. Für 10 Minuten in den Kühlschrank stellen.

Für die Füllung die Butter auf niedriger Stufe schmelzen. Währenddessen den Basilikum pürieren und die Vanilleschote auskratzen. Frischkäse, Ricotta, Zucker und das Vanillemark verrühren, das Basilikum-Mus dazu geben und alles nochmal gut verrühren. Als letztes die warme Butter langsam und unter Rühren zu der Masse hinzugeben. Alles auf den vorbereiteten Boden gießen und glattstreichen.

Für das Topping die Gelatine in kaltem Wasser einweichen. Erdbeeren mit dem Zucker pürieren. Die aufgeweichte Gelatine im heißen Wasser auflösen, die pürierten Erdbeeren dazugeben. Alles auf die Cheesecakemasse gießen. Dann für 4-5 Stunden kalt stellen, bis alles fest ist. Mit frischen Erdbeeren und Basilikumblättern garnieren und genießen.

Zutaten:
(für eine 18er Springform)

Boden:
100g Vollkornkekse
60g weiche Butter
30g Zucker
Prise Salz

Füllung:
200g Frischkäse
250q Ricotta
100g Zucker
125g Butter
1 Vanille-Stange
1 kleiner Bund Basilikum

Erdbeer-Topping:
250g Erdbeeren
20g Zucker
3 Blatt Gelatine
50 ml heißes Wasser

Hintere Bleiche 29
55116 Mainz
Tel. 0 61 31/5 54 01 65

www.sichtbar-mainz.de
Di. – Do. 18 - 24 Uhr,
Fr. – Sa. 18 – 1 Uhr, So. 16 – 22 Uhr
Juli/August erst ab 19 Uhr

Bar jeder Sicht

Ob Bar, Bistro, Restaurant – oder schlicht Wohnzimmer für die queere Mainzer Szene: Bar jeder Sicht ist offen für alle. Hier treffen sich viele Gruppen und Stammtische, herrscht aber auch normaler Barbetrieb. Offen für alle. Auf der Speisekarte stehen Snacks, Salate und kleinere Gerichte. Daneben gibt es eine wöchentlich wechselnde Karte mit Gerichten frisch aus der Küche und einmal im Monat samstags ein veganes Menü. Außerdem gibt es ein umfangreiches Veranstaltungsprogramm bei freiem Eintritt.

Regelmäßig findet Schwulen-, Lesben-, Trans-Gender-Kino im Bistro statt. Einmal im Monat finden ein Konzert und Karaoke sowie Lesungen und Diskussionsveranstaltungen, meist mit schwul-lesbischem Inhalt statt. Beliebt ist die Bar mit großer Getränkeauswahl. Happy Hour dienstags von 20 bis 22 Uhr.

Restaurant Bootshaus

Immer schon war es ein Wunschtraum von Frank Buchholz, ein Restaurant am Meer oder überhaupt einem Gewässer zu führen. Gestartet ist der Sterne- und Fernsehkoch im Mainzer Vorort Gonsenheim, mit dem Restaurant Buchholz. Als der Bau des Vereinsheims des Mainzer Rudervereins von 1878 anstand und eine Gastronomie eingeplant war, packte Frank Buchholz die Gelegenheit beim Schopf. Und eröffnete sein Zweitrestaurant, das nun unmittelbar am Rhein und Winterhafen sowie gegenüber der Mainmündung liegt. Hier hat man den unverstellten Blick auf den Rhein. Durch riesige Glasfronten schaut man auf das Wasser. Die schlicht aus Holz gehaltene Einrichtung trägt die Handschrift des Hausherrn. Das Styling ist unangestrengt modern. Zum Stil des Hauses passen die modernen hölzernen Hängelampen. Angeboten wird eine frische und innovative, in ihren Wurzeln aber bürgerliche Küche aus regionalen Produkten. Das Wiener Schnitzel zählt ebenso wie die Roulade oder der Ackersalat aus Mainz-Gonsenheim zu den beliebtesten Klassikern. Preislich fair ist das dreigängige Mittagsmenü für 15 Euro, das täglich zwischen Montag und Freitag zu haben ist.

Das Herz von Frank Buchholz schlägt für die Weinregion, in der er lebt. Rheinhessische Weine bilden somit den Schwerpunkt. Ruhig und entspannt geht es im schönen Außenbereich zu. Hier kann schon mal Urlaubsfeeling aufkommen. An heißen Tagen werden die Sonnenschirme aufgespannt, an kälteren wird die Terrasse beheizt. Beliebt sind die Liegestühle mit Blick aufs Wasser. Frank Buchholz bietet übrigens auch eigene Anlegeplätze für all diejenigen, die mit dem eigenen Boot anreisen.

Victor-Hugo-Ufer 1 · 55116 Mainz www.bootshausmainz.de
Tel. 06131/1438700 Mo.–So. 11–23 Uhr

Adolf-Kolping-Str. 4
55116 Mainz
Tel. 06131/4820577

www.buddhas-mainz.de
Mo.–Sa. 11–22 Uhr

Buddhas

Anhängern von Sushi und Co. dürfte das Buddhas noch aus seiner Zeit in der Kleinen Langgasse bekannt sein. Der neue Standort ist nicht mehr ganz so versteckt wie der alte: Das kleine, aber feine Sushi-Restaurant mit seinen rund 30 Plätzen liegt nun seit Sommer 2014 neben dem Eingang zur Römerpassage. Und hat sogar eine Außensitzfläche dazugewonnen. Das Ambiente ist einfach und schlicht, modern und klar, wie man es bei guten japanischen Restaurants kennt. In erster Linie Sushi, in traditioneller und in moderner Form, ist im Buddhas zu haben. Alle Gerichte können einzeln oder als Sushi-Box in unterschiedlichen Variationen und Preisklassen geordert werden. In der offenen Showküche werden die Speisen frisch auf Bestellung zubereitet. Was bei großer Nachfrage auch schon mal zu längeren Wartezeiten führen kann. Aber: Die Qualität und Frische ist durchweg hervorragend, die Teller sind kreativ und liebevoll arrangiert. Beliebt sind Eigenkreationen, die es so in der traditionellen japanischen Küche nicht gibt. Dazu zählen beispielsweise Ebi-Sarada, marinierte Garnelen im Gurkenmantel, Shake Brülee Nigiri – eine Kreation mit flambiertem Lachs – oder die Avocado Mango Roll mit Sesam.

Passend zum Sushi sind neben einem gängigen Getränkeangebot auch Jasmin und grüner Tee „all you can drink", japanisches Bier und „Sushi-Wein". Mehrmals im Jahr wechselt die Karte, auch um sich auf veränderte Kundenwünsche einstellen zu können. So kommt man beispielsweise der zunehmenden Nachfrage nach vegetarischen Gerichten entgegen. Erwähnenswert ist auch die komfortable Online-Bestellmöglichkeit.

Neubrunnenstraße 7   keine Webseite
55116 Mainz   täglich, 11 – 00 Uhr
Tel. 0 61 31/23 40 28

Como Lario Da Bruno

Im ältesten italienischen Restaurant von Mainz werden abends die Kerzen in mit Wachs betropften, dickbauchigen Chianti-Flaschen angezündet, sind die Tische mit gestärkten weißen Stofftischdecken eingedeckt und tragen die ausschließlich männlichen Bedienungen weiße Jackets und schwarze Fliegen. Von jedem Schickimicki ist man aber weit entfernt. Wie in einem Italienurlaub in den 60er Jahren mag man sich hier vorkommen. Dabei ist das Como Lario nicht nur wegen seiner schmackhaften Pasta- und Pizzagerichte eine Institution in Mainz. Das Ambiente hat sich in den letzten 54 Jahren nicht wesentlich verändert. Auf der Speisekarte stehen noch zu etwa 70 Prozent die gleichen Gerichte wie damals. Viele Mainzer haben hier die erste Pizza ihres Lebens gegessen. Dass das Konzept mit dem guten Preis-Leistungs-Verhältnis nicht nur den Mainzern schmeckt, zeigen die vielen Bilder an der Wand. Helmut Kohl hat sich hier ebenso wohlgefühlt wie Angela Merkel, Luciano Pavarotti und Vico Torriani. Als Bruno Bellini am 1. März 1962 sein Ristorante „Como Lario" in der Mainzer Neubrunnenstraße gründete, hat er das erste ausländische Restaurant in Mainz eröffnet. In Bellagio am Comer See geboren und über viele Stationen nach Mainz gekommen, sind er und sein Como Lario kaum wegzudenken aus der Landeshauptstadt.

Natürlich hat sich das eine oder andere dem Zeitgeschmack angepasst. Aber auch wenn Bruno Bellini die Geschäftsführung mittlerweile an Sohn Pierro und Cousin Fausto übergeben hat, bleibt er sich treu: Das Como Lario sieht er als sein Zuhause. Und so oft er kann, hilft er mit.

Bruno Bellini
Gründer des Ristorante Como Lario

Wie bekannt waren italienische Spezialitäten in Mainz, als du 1962 eröffnet hast?
Zur Pizza kamen damals Fragen wie „Was ist das für ein Pfannkuchen?". Die Leute haben quasi nichts gekannt von dem, was wir hier angeboten haben.

Alt-Bundeskanzler Kohl war besonders häufig zu Gast, wie kam das?
Kohl kam schon hierher, da war er noch nicht mal Ministerpräsident in Mainz. Ich kannte ihn gar nicht und habe ihn irgendwann einmal gefragt, ob er derjenige ist, der auf dem Plakat hier vor der Türe abgebildet ist.

Wie sieht der beste Moment deines Tages aus?
Der beste Moment ist, wenn ich aufstehe und gesund bin. Und dann noch, wenn Markttag ist und ich meine Freunde dort treffe, wir einen Kaffee zusammen trinken und uns unterhalten.

Was inspiriert dich persönlich?
Wenn ich sehe, dass meine Kunden zufrieden sind, dann ist das für mich eine Freude und inspiriert mich, weiterzumachen.

Du lebst seit vielen Jahren in Mainz. Was gefällt dir hier am meisten?
Ich fühle mich wohl in Mainz. Es ist keine große Stadt. Sie ist klein, kompakt. Es ist alles leicht zu finden. Mainz hat viel zu bieten, obwohl es so klein ist. Und die Leute hier sind viel freundlicher als in manch anderer Stadt!

dicke lilli, gutes kind

Die Seele baumeln und den Blick über die wuselige Gaustraße schweifen lassen – in der dicken Lilli findet man dafür die besten Voraussetzungen. Wer eine ausgefallene Deko liebt, bunte Farben und einen absoluten Stil-Mix in der Einrichtung zu schätzen weiß, ist hier außerdem richtig. Vom Flair und von der Lage her, könnte man in einem Szene-Café irgendwo in Berlin sitzen. Die Idee für ein Café in diesem Stil hatte Vera Kohl gemeinsam mit ihrer Mutter. Als der Wunschladen dafür frei wurde, zögerten sie nicht lange und eröffneten im November 2012 das Café „dicke lilli, gutes kind". Alles im Café wird selbst hergestellt. Viele Rezepte entwickelt die Café-Inhaberin ebenfalls selbst. Eingekauft wird regional. Besonders beliebt im Café sind die durchweg leckeren Kuchen, Salate und Suppen.

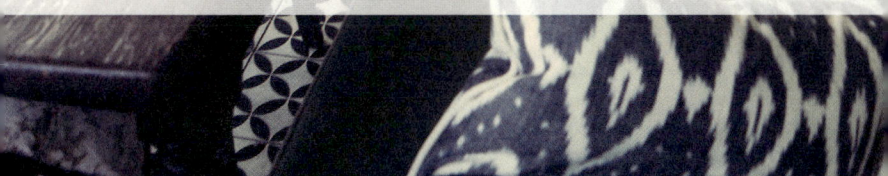

Gaustraße · Ecke Breidenbacher Str. 9 · 55116 Mainz
Tel. 06131/48 77 08 0

www.dickelilliguteskind.de
Mo.–Fr. 9–20 Uhr,
Sa. und So. 10–20 Uhr

Frauenlobstr. 94
55118 Mainz
Tel. 0 61 31 / 61 16 19

www.geberts-weinstuben.de
Di. – Fr. und So. 11.30 – 14.30,
18 – 24 Uhr, Sa. 18 – 24 Uhr

Gebert's Weinstuben

Wer in Gebert's Weinstuben einkehrt, wird auf wenige Touristen treffen, auch wenn es zu den besten Mainzer Restaurants zählt. Warum? Auch wenn nur einen Steinwurf vom Rheinufer entfernt, liegt es nicht an einer touristischen „Rennstrecke", zum anderen ist eine spontane Einkehr hier quasi nicht möglich. Das Restaurant ist oft lange im Voraus ausgebucht und eine Reservierung im Vorfeld empfiehlt sich unbedingt.

In Gebert's Weinstuben blickt man auf eine lange Tradition zurück: 1887 gründete der Ur-Urgroßvater des heutigen Kochs, Frank Gebert, eine Bäckerei und heiratete eine Winzertochter aus Rheinhessen. Als 1897 das Haus in der Frauenlobstraße 94 erbaut wurde, kamen zur Bäckerei ein kleiner Weinhandel und eine Weinstube dazu. 1974 verwandelte der Vater von Frank Gebert die frühere Weinstube in ein Weinrestaurant. Und in die ursprüngliche Backstube zog die Küche ein. Alle Räumlichkeiten wurden zusammengezogen – weswegen sich das Restaurant auch „Weinstuben" nennt. Nach der Ausbildung zum Koch in Mainz und Stationen im Schwarzwald, in der Pfalz und London, hat Frank Gebert im Jahr 2007 das Restaurant übernommen. Aus regionalen Produkten bietet er eine handwerklich hochwertige, qualitative deutsche Küche, die dem Zeitgeist entspricht. Die Weinkarte legt den Schwerpunkt patriotisch auf Rheinhessen. Die Einrichtung strahlt Eleganz und eine gewisse Opulenz aus. Wie es sich für ein „Mainzer Wohnzimmer" gehört, wurde auch ein großes Sofa eingeplant. Regelmäßig stehen Veranstaltungen auf dem Programm.

Weinhaus | Shopping | Kultur | Relax | Praktisch | Best of Mainz

Zum Goldstein

Besonders schön ist der Biergarten des urigen, gutbürgerlichen Lokals. Durch einen Torborgen geht es ein paar Treppen hinauf: Unter der riesigen Kastanie und im Schatten des schmucken Fachwerkhauses schmecken kühles Bier und Weine mitten in der Mainzer Altstadt so richtig gut. Die Einrichtung des Gastraums ist in warmen Farben und Holz gehalten. Wie in einem Wirtshaus gibt es keine Tischdecken, sondern blanke Holztisch-Platten. Das Weinangebot auf der Karte ist regional geprägt. Besonders jungen Winzern aus Rheinhessen soll damit eine Plattform geboten werden. Die Küche präsentiert sich unprätentiös mit überwiegend deutschen Gerichten.

Best of Mainz | 24 Stunden Mainz | Unterkunft | **Restaurant** | Café

Heiligeist
Mailandsgasse 11
Tel. 0 61 31 / 22 57 57

www.heiliggeist-mainz.de
Mo. – Fr. 16 – 1 Uhr,
Sa. – So. 9 – 2 Uhr

Heiliggeist

Das Heiliggeist ist eine Mainzer Location mit besonderer Atmosphäre. Das mittelalterliche Bauwerk mit dem beeindruckenden Kreuzgewölbe ist Treffpunkt für ein buntgemischtes Publikum. Eng umbaut, ragt das Dach des ältesten erhalten gebliebenen Bürgerspitals in Europa mit seinen Zinnen in die Höhe. Im Sommer lässt es sich im Schatten des 1236 errichteten, innen wie außen imposanten Gebäudes unter den großen Schirmen idyllisch sitzen. Die Küche ist Cross-Continental, die Karte wechselt mehrmals im Jahr und passt sich der Saison an. Auch eine größere Auswahl an regionalen Weinen ist im Angebot. Ansonsten gibt es alles, was man in einer Bar erwarten kann.

Weinstube Hottum

Ein Reiseführer berichtete im frühen 19. Jahrhundert von 14 Mainzer „Einkehrwirtschaften", die an der Rheinstraße „in liebevoller Eintracht" nebeneinander lagen. Eine alteingesessene Weinstube in der Mainzer Altstadt wie „das" Hottum hält diese typische Mainzer Gastlichkeit bis heute lebendig. Die beiden Inhaberinnen, Christina Roeskens und Sabina Ekinovic, bewahren die Tradition der rustikalen, 1791 erstmals erwähnten Weinstube, ohne in ihr stecken geblieben zu sein. Was dazu beiträgt, dass sich hier ein bunt gemischtes Völkchen aller Altersklassen trifft und die gemütliche Weinstube so gut wie immer voll ist. Dass man sich im Hottum einfach irgendwo an einen Tisch dazusetzt, gehört zum guten Ton der Weinstubenkultur und ist in der Weinstadt Mainz sowieso selbstverständlich. „Rheinhessen hat so tolle Weine mittlerweile, dass es mir schwer fällt, mich zu entscheiden", sagt Christina Roeskens. Rheinhessen ist für sie eine Herzensangelegenheit. So hat sich das Weinangebot deutlich hin zu dieser Region entwickelt, hält aber für Liebhaber des Rheingauer Weins gleichfalls ein schönes Angebot parat.

In der kleinen Küche schwingt Sabinas Mutter das Zepter. Es gibt Klassiker, die stehen seit Urzeiten auf der festen Karte. Dazu zählen ein sehr gutes Schnitzel, der beliebte Handkäs' mit Musik, der Spundekäs' oder der Hausmacher-Wurst-Teller. Mit der großen Karte wird immer eine kleine Schiefertafel an den Tisch gebracht. Darauf sind wechselnde Köstlichkeiten, etwa ein Linsensalat mit Ziegenkäse oder gefüllte Bärlauchpfannkuchen und andere Leckereien, im Angebot.

Grebenstr. 3
55116 Mainz
Tel. 0 61 31/22 33 70

www.dj-sonic.net/
hottum/weinstube
Täglich ab 16 Uhr

Weinhaus | Shopping | Kultur | Relax | Praktisch | Best of Mainz

Augustinerstr. 57 · 55116 Mainz
Tel. 0 61 31/23 82 21

www.incontro-ristorante.de
Di.–So. 11.30–24 Uhr

Ristorante Incontro

Blumen, genau passend zu den Tischdecken, ein Olivenbaum und eine große rosa Hortensie im silbernen Kübel machen die Terrasse des Ristorante Incontro in der Mainzer Altstadt im Sommer zu einer kleinen Urlaubsadresse. Im Restaurant macht die mit appetitlich angerichteten Antipasti gefüllte Vitrine Lust auf mehr. Ein Mittag- oder Abendessen im Incontro ist im Sommer wie im Winter eine kleine Reise durch Italien. Die Wurzeln von Inhaber Guiseppe Dato liegen in Sizilien. Dass die Qualität stimmt, ist ihm das Wichtigste. In den Gerichten spiegelt sich dies ebenso wie im Service. Im Incontro bedient eine eingespielte Stammmannschaft. Gekocht wird saisonal und mit Produkten, für die sich der Hausherr in seiner Heimat selbst immer wieder auf die Suche begibt. Dazu zählen die Nudeln aus einer Manufaktur in der Pasta-Stadt Gragnano. Bottarga, Rogen vom Thunfisch, bezieht das Incontro aus Sardinien und Ndjua, eine für die Spaghettini Calabrese a la Giuseppe verwendete, sehr würzige Salamispezialität, stammt aus Kalabrien.

Gekocht wird größtenteils nach Originalrezepten, für die sich mancherorts kaum noch Zeit genommen wird – einfach weil sie aufwändig in der Zubereitungsdauer sind. Die Weine im Incontro stammen aus allen Regionen Italiens. Wer nicht in eine ganze Flasche investieren möchte, ist alternativ gut mit den sechs offenen Weinen bedient. Eine Besonderheit sind die durchgehenden Öffnungszeiten, weswegen man – insbesondere bei einem späten Mittagessen – nicht auf die Uhr schauen muss. Und auch zwischendrin einfach mal auf einen Espresso oder ein Glas Prosecco vorbeischauen kann.

Brits Kwisin

Um ihr im Vintage-Stil eingerichtetes Café „Brits Kwisin" zu eröffnen, hat Brit zwar einen sicheren Job aufgegeben – sich dafür aber einen Traum erfüllt. Klar im Mittelpunkt steht das Brot. Mit speziellen Aufstrichen, die man probiert haben muss! Der Name Kwisin ist ein Transfer aus dem französischen Wort „Cuisine" – also Küche – ins Rheinhessische, nämlich „Kwisin". Die quirlige Café-Inhaberin legt großen Wert darauf, alles frisch herzustellen. Nur das Brot und der Kaffee werden zugekauft. In dem Laden mit großen Fensterfronten und Blick auf die Rheinallee gibt es außerdem selbstgebackenen Kuchen, Crepes, frische Salate und herzhafte Quiche. Selbst eingekochte Marmeladen und für fruchtige Limonaden hergestellter Sirup gehören ebenfalls zum Portfolio. Außerdem kann man hier prima frühstücken.

Rheinallee 26
55118 Mainz
Tel. 06131/497 4114

www.facebook.com/britskwisin
Di.–So. 10–18 Uhr

Best of Mainz | 24 Stunden Mainz | Unterkunft | Restaurant | **Café**

Interview mit Brit Morbitzer
Inhaberin von Brits Kwisin

Wie bist du auf den Namen „Kwisin" gekommen?
Kwisin ist ein Transfer aus dem französischen Wort „Cuisine" – also Küche – ins Rheinhessische. Aus „Cuisine" wurde ganz einfach „Kwisin".

Bestimmt fragen die Leute da immer mal nach, oder?
Tatsächlich. Viele verstehen es gar nicht. Wenn ich es erkläre, finden sie es aber total lustig. Es ist gut, dass die Leute darüber nachdenken und fragen. So bleibt es einfach länger in den Köpfen hängen. Es passt auch zum Untertitel, der ja „Verrückte Küche" heißt.

Woher nimmst du deine vielen Ideen?
Eigentlich probiere ich wild drauf los. Und wenn ich über den Wochenmarkt laufe und sehe die vielen frischen Sachen, das inspiriert mich und mir fällt wieder etwas Neues ein.

Wie sieht der beste Moment des Tages für dich aus?
Morgens am Rhein entlang auf den Markt zu radeln.

Was inspiriert dich, im Job – oder auch im Alltag?
Mich inspiriert der Markt. Die Farben. Die Menschen. Gerüche.

Was liebst du an Mainz?
Alles! Ich liebe, wie die Leute hier drauf sind. So total locker. Man kann sagen, die ersten Sonnenstrahlen kommen raus – und alle sitzen draußen. Ob mit Jacke oder mit Decke. Die Leute gehen raus und freuen sich.

Gartenfeldstr. 9 · 55118 Mainz
Tel. 06131/2168660

www.laurenz-mainz.de
So.–Do. 17–1 Uhr,
Fr.–Sa. 17–2 Uhr

Weinhaus | Shopping | Kultur | Relax | Praktisch | Best of Mainz

Laurenz

Lorenz Adlon, Gründer des legendären Berline Hotels Adlon, war ein Mainzer – und änderte seinen Vornamen auf dem Weg nach Berlin in das vornehm klingendere Laurenz. Ein idealer Name auch für ein neues Lokal in der Mainzer Neustadt, dachte sich das Betreiber-Trio Marcus Landenberger, Christoph Rombach und Andreas Schnura. Mit ihnen ist eine schöne Kombination aus önologischem, wirtschaftlichem und architektonischem Sachverstand und frischem Wind in die Gartenfeldstraße 9 eingezogen. Und auch wenn es von außen auf den ersten Blick so scheint: Beim Laurenz handelt es sich um vieles, nur um keine Eckkneipe im herkömmlichen Stil. Das Ergebnis hingegen ist eine Mischung aus Weinbar, Restaurant und Vinothek. Hinter großen Rundbögen-Fenstern präsentieren sich die Räumlichkeiten leicht versetzt auf zwei Ebenen, in etwas reduziertem, doch stylischen Ambiente. Im oberen Teil wird an rechteckigen Tischen geschmaust. Im Angebot ist eine gute saisonale Küche mit regionalen Aktzenten. Die Gerichte werden optisch ansprechend serviert, die Portionsgrößen sind allerdings überschaubar und bewegen sich irgendwo zwischen Vorspeise- und Hauptgericht.

Die Weine legen den Schwerpunkt auf die Region Rheinhessen. Die eigenen Weine von Neustadt-Winzer Marcus Landenberger, dessen Kellerei sich unweit entfernt befindet, sind auch zu haben. Im Sommer nimmt man im großzügigen Außenbereich, „mitte auf de Gass" Platz, wie der Mainzer sagen würde. Eine Besonderheit ist, dass der Wein, der einem schmeckt, auch gleich mitgenommen werden kann. Und zwar zu dem Preis, den man auch beim Winzer bezahlen würde.

Weinhaus | Shopping | Kultur | Relax | Praktisch | Best of Mainz

Kaffeehaus Lönneberga

Am Fuße der Mainzer „Gaugass", etwas versteckt im Hinterhof, liegt das Café Lönneberga. Nicht nur der Name auf dem wegweisenden Schild, auch Schrift und Farbe wecken die Erwartung, dass es hier ganz und gar schwedisch zugeht. An Sitzgelegenheiten und Kinderspielzeug im kleinen begrünten Hof vorüber, geht es ein paar Stufen hinauf in das familienfreundliche Café, zu dem auch noch ein kleiner Garten gehört. Markus Wehrle und Kai Tietze sind die Inhaber und haben das Hinterhaus zwei Jahre lang mit viel Liebe saniert. Das Ambiente im schwedischen Landhausstil und kulinarische Highlights auf der kleinen Karte – wie direkt aus Schweden importierter Rentierschinken oder Bio-Blaubeer-Marmelade aus Smaland – sind Kai Tietze zu verdanken. Der hat Skandinavistik studiert, lange in Schweden gelebt und nutzt die eine oder andere Quelle. „Wirft man Kinder und Schweden in einen Topf, kommt Astrid Lindgren heraus", lacht er. Der Name „Lönneberga" war da nicht weit weg. Das Café ist kinder- und familiengerecht. „Eltern können hier mal was für sich tun und die Kinder mit gutem Gewissen dabei haben", erklärt Markus Wehrle.

So gibt es einen schönen Spielbereich und in der oberen Etage einen geschmackvoll eingerichteten Stillraum. Neben hausgemachtem Kuchen, einem leckeren Frühstücksangebot und frisch zubereiteten Speisen gibt es alles, was einen Café-Besuch für Eltern erleichtert. Bioprodukte und regionale Angebote werden bevorzugt. Veranstaltungen gibt es auch regelmäßig und von Mittwoch bis Sonntag ist das Lönneberga abends eine Weinbar.

Gaustraße 67
55116 Mainz
Tel. 0 61 31 / 6 19 33 39

www.loenneberga-mainz.de
Di.–So. 9.30–18.00 Uhr,
Mo. 14–18 Uhr

Jakobsbergstr. 8
55116 Mainz
Tel. 0 61 31/23 32 83

www.michel-wein.de
täglich ab 16 Uhr

Weinhaus Michel

Im Sommer liegt die Terrasse in der Fußgängerzone, unmittelbar vor dem Weinhaus. Hübsch bepflanzte Blumenkästen, Windlichter und der originelle Strandkorb vermitteln einen einladenden Eindruck. Im verwinkelten Weinlokal mit den kleinen Sitznischen vermischt sich Rustikales mit Moderne und geht es ebenfalls gemütlich zu: Wie überall in den Mainzer Weinstuben, wird auch hier gerne zusammengerückt.

Das Weinhaus Michel ist die einzige Weinstube in Mainz, in der eigener Wein fließt. Seit 1756 wird im Familienweingut im rheinhessischen Weinolsheim Wein angebaut. Hausherr und Winzer Stefan Michel zeichnet mit Herz und Sachverstand für die acht verschiedenen Weißweine und vier Rotweine verantwortlich, deren Charaktereigenschaften auf den Etiketten wie auf der Karte grafisch und in Worten – und zwar auf echt Rheinhessisch – Rechnung getragen wird. Weinnamen wie Herzbluud, Altstadtadel oder Owwermaschores, jeder mit einer Geschmackserklärung von dem Mainzer Original Hildegard Bachmann versehen, stehen für Rebsorten wie Dornfelder, Merlot oder Riesling. Die Weinhausküche bietet Meenzer Spezialitäten und Kleinigkeiten zum Wein. Ehefrau Astrid hat sich zur staatlich geprüften Sommelière ausbilden lassen und managt das Weinhaus und die Familie mit den vier Söhnen. Dass es sich um einen echten Familienbetrieb handelt, spüren auch die Gäste. Denn hier fühlt man sich gleich willkommen. Im historischen Gewölbekeller lässt es sich wunderbar feiern. Dort finden regelmäßig Veranstaltungen und Feste statt. Alle Weine gibt es übrigens auch zum Straßenverkaufspreis zum Mitnehmen.

Weinhaus | Shopping | Kultur | Relax | Praktisch | Best of Mainz

Möhren Milieu

Das Möhren Milieu ist das erste und bisher einzige vegane Café der Stadt. Im Angebot sind Säfte und Smoothies, Frühstück, täglich wechselndes Mittagessen sowie Kuchen und Torten. Die kleine Terrasse mitten auf der Adam-Karrillon-Straße ist – ebenso wie die Inneneinrichtung des Cafés mit upgecycltem Material eingerichtet. Man bestellt an der Theke und bekommt das Essen an den Tisch gebracht. Die Gerichte sind kreativ, gut gewürzt, frisch und lecker. Ein großer Anteil des Angebots ist rohköstlich, nicht erhitzt oder gebacken.

Im kleinen Shop findet man alles, was man für die vegane Küche zuhause so braucht. Außerdem im Angebot sind Bücher und Küchengeräte. Auf Events und Volksfesten ist Inhaber Daniel Kalbfuß mit dem Möhren-Mobil, einem Food-Truck, unterwegs. Einmal im Monat findet ein roh-veganer Brunch statt.

Adam-Karrillon-Str. 5
55118 Mainz
Tel. 0 61 31 / 8 90 08 42

www.moehren-milieu.de
Di. – Sa. 10 – 20 Uhr,
So. 10 – 18 Uhr

Kaiser-Wilhelm-Ring 74
55118 Mainz
Tel. 06131/2106660

www.patagonia-mainz.de
Mo.–Sa. 17.30–23 Uhr,
So. 17–22 Uhr

Patagonia

Seit vier Jahren gibt es das Patagonia in der Mainzer Neustadt. Fernando Scholtbach stammt aus der Region Patagonien in Chile. Und ausschließlich von dort bezieht er auch das im Restaurant servierte Fleisch. Weil das in Chile ausgeübte Metzgerhandwerk eine andere Zerlegungstechnik des Rindes vorsieht, werden im Patagonia auch ungewöhnliche Varianten angeboten. Dazu zählt beispielsweise das Tapa Barriga, ein 300 Gramm schweres „Flap"-Steak. Auch die im geschmackvoll eingerichteten Lokal servierten Beilagen haben einen südamerikanischen Akzent. Zur Auswahl stehen beispielsweise das Risotto Quinoa, ein Anden-Hirserisotto mit Pinienkernen und Mais, oder Pure Rustical, ein rustikales Kartoffelpüree mit Koriander und Merkén. Neben einer großen Auswahl an chilenischen Rotweinen befinden sich auch Bier und sogar ein Mineralwasser aus dem Heimatland Fernandos im Angebot.

Schrebergarten

„Der Name ‚Schrebergarten' verbindet all das, was den Kumpir-Gedanken ausmacht", sagt Leyla Camkerten-Benli. Und beschert Mainz mit der an sich so profanen Kartoffel ein besonderes, und zwar ausschließlich vegetarisches Geschmackserlebnis. Kumpir ist eine mit viel Butter und Käse verfeinerte Ofenkartoffel, die ihren Ursprung in der Türkei hat. Zur veganen Variante wird Walnussöl und Salz benutzt, gegart wird die Kartoffel in einem speziellen Kumpir-Ofen.

An der großen Theke gibt man seine Bestellung auf und orientiert sich dabei am Angebot, dass auf der großen Kreidetafel geschrieben steht. Die Qual der Wahl hat man zwischen Kombinationen wie beispielsweise Habibi (Humus, Kuskus, Knoblauch-Champignons, Ezme, Oliven), Meenz (Spundekäs, Möhrensalat, Rotkraut, Gürkchen, Sour Cream, Brezel) oder Thassos (Soja-Gyros, Feta, Tomaten und Zwiebeln, Pilze, Tzatziki, Oliven.) Ähnlich wie in einer Pizzeria gibt es unterschiedliche feste Varianten und die Möglichkeit, selbst zusammenzustellen.

Im Angebot sind außerdem Suppen und Salate. Dass der Schrebergarten ausgerechnet am hippen Gartenfeldplatz eröffnet hat, ist jedoch eher ein Zufall. Ursprünglich wollte man auf den Uni-Campus. Das hat aber nicht geklappt und so wurde im Juni 2014 in der Neustadt eröffnet. Das Gefühl, dass Leyla einst in einem Café in San Diego hatte, versucht sie hierher zu transferieren. So gibt sich die Atmosphäre im Schrebergarten lässig entspannt.

Kurfürstenstraße 9
55118 Mainz
Tel. 0 6131 / 6 93 77 40

www.SCHREBERGARTENMAINZ.de
Mo. – Fr. 11.30 – 20.30 Uhr,
Sa. + So. 12 – 20 Uhr

Große Langgasse 6 www.souperie.de
55116 Mainz Mo.–Do. 11–19 Uhr,
Tel. 06131/9726787 Fr. 11–18 Uhr, Sa. 11–17 Uhr

Souperie

Täglich stehen in der Souperie fünf Suppen zur Auswahl, die Suppenvarianten wechseln wöchentlich. Sie werden alle von Daniel Bauer in der unter dem Lokal liegenden Küche täglich frisch zubereitet. Dabei konzentriert er sich auf regional angebaute Produkte. Zu den Klassikern zählen die Tomaten- und die Linsensuppe. Drei Suppen sind vegetarisch oder vegan, zwei sind mit Fleischeinlage zu haben. Außerdem sind noch Bagels mit originellen Aufstrichen und Kuchen im Angebot. Bestellt wird unmittelbar am Tresen, wo sich um die Mittagszeit auch schon mal eine kleine Schlange bildet. Für jede Suppe steht ein Topping nach Wahl zur Auswahl. Zum Beispiel frische Kräuter, Wurst oder Körner. Die Suppe wird dann mit Besteck und einem Körbchen leckerem Brot an den Tisch gebracht.

Shopping in Mainz

Kein Geheimnis ist, dass Mainz nicht das Shopping-Mekka wie Frankfurt, Hamburg oder München ist. Das Einkaufszentrum „Am Brand" zählt zu den beliebtesten Shopping-Adressen. Parallel dazu hat sich eine kleine, aber feine Szene von jungen hippen Läden wie Serendipity (s. S. 160) oder Klotz & Quer (Kurfürstenstr. 7, Tel. 01 57/84 33 43 24) entwickelt, die ständigen Zuwachs erhält. Im historischen Altstadtviertel um den Kirschgarten befinden sich originelle Shops wie The Capehouse (Kirschgarten 22, Tel. 0 61 31/9 72 78 57), mit Kunsthandwerk und Wein aus dem Süden Afrikas. Im Concept Store „Schön schräg" (Kartäuserstr. 13, Tel. 0 61 31/2 19 22 88) ist die Kombination zwischen Frisur und Design die Besonderheit. Das Zuhause aufmöbeln lässt sich mit schönen, handgearbeiteten Möbeln und Accessoires vom Gutshof Werkstatt (Neutorstr. 33, Tel. 0 61 31/8 94 01 42). Mainzer Kult-Status hat der jeden dritten Samstag im Monat am Rheinufer zwischen Kaisertor und Theodor-Heuss-Brücke stattfindende Krempelmarkt. Für alle, die gerne etwas Leckeres shoppen möchten, bietet sich ein Bummel unter kulinarischen Gesichtspunkten an. Auf dem Mainzer Wochenmarkt sind morgens in der Frühe die Mainzer unter sich. Günay (Mittlere Bleiche 11) ist ein türkischer Supermarkt mit eigener Bäckerei und großer Fisch- und Fleischtheke. Im ältesten Mainzer Fischgeschäft, Fisch Jackob (Fischtorstr. 5, Tel. 0 61 31/23 17 16), sind neben frischem Meeresgetier auch Fischbrötchen und frischer Backfisch zu haben. In der Altstadt findet man Rheinhessen-Weine zu Winzerpreisen und eine schöne Auswahl Pasta, Gewürze, Öle und Essig auch im Weinkontor Keßler (Heiliggrabgasse 9, Tel. 0 61 31/1 43 11 43).

Alpkäsladen

Schon der Name „Alpkäsladen" erzeugt positive Bilder im Kopf. Da denkt man an Urlaub, gute Luft und Kühe auf der Weide. Wie der Name schon verrät, liegt der Fokus auf dem Käse aus der Alpenregion. Etwa 80 Prozent des Sortiments stammen von dort. Die Palette reicht vom cremigen Weichkäse über zarten Blütenkäse bis zum uralten Bergkäse. Alle Produkte werden in handwerklich arbeitenden Kleinbetrieben nach traditionellen Methoden in Bioqualität hergestellt. Ergänzt wird die Palette durch internationale Käsespezialitäten, z. B. Blue Stilton aus England, Pecorino aus Italien oder würzigem Comté aus Frankreich. Dazu gibt es dann einiges, was gut zum Käse und gerade noch in den nur sechzehn Quadratmeter großen Laden passt: Chutneys, Senf, Bretter, Käsemesser und -hobel – und ein ganz kleines Sortiment Wein. Zu den Öffnungszeiten ist vor dem Lädchen eine hübsche Kuh postiert. Zu Käse hat die gelernte Köchin Christine Dörr schon immer einen besonderen Bezug. Auf dem Weg von der Festanstellung zur Selbstständigkeit bildete sie sich autodidaktisch weiter. Als die Möglichkeit bestand, den Laden in der Altstadt zu übernehmen, hat sie eine Fortbildung zur „Froméliere" an der Tölzer Käseakademie absolviert. Und los konnte es mit dem Alpkäsladen in der Jakobsbergstraße gehen!

Weil Käse tendenziell eher zum Wochenende gekauft wird, hat Christine Dörr die Öffnungszeiten der Nachfrage angepasst und startet donnerstags mit dem Verkauf. Über besondere Veranstaltungen wie Käse-Wein-Verkostungen oder Käseseminare informiert sie auf ihrer Web-Seite.

Jakobsbergstr. 15
55116 Mainz
Tel. 06131/1432434

www.kaese-kontor.de
Do.–Fr. 10–18 Uhr,
Sa. 8–15 Uhr

Jung + Mild

- Allgäu-Brie
  cremig-mild
- Blau-Weißer
  buttrig-milder
  Blauschimmel
- Wildblütenkäse
  mild-aromatisch
  mit Bioblüten
  ummantelt

Bio Rohmilch

Weinhaus | **Shopping** | Kultur | Relax | Praktisch | Best of Mainz

Am Judensand 59e
55122 Mainz
Tel. 0 61 31 / 63 41 60

www.anja-gockel.com
Mo. – Fr. 10 – 19 Uhr,
Sa. 10 – 16 Uhr

Anja Gockel Shop

Mode dort anzuprobieren und zu kaufen, wo sie entsteht, das hat Charme. Und dafür lohnt sich auch der kurze Weg aus der Mainzer Innenstadt, in die „Alte Patrone", einem Künstlerquartier. In direkter Verbindung zu ihrem Atelier hat die in Mainz geborene Designerin Anja Gockel dort im Jahr 2012 ihren ersten eigenen Label-Store eröffnet. Anja Gockel studierte am renommierten Central St. Martins College Modedesign. Ihre Kollektionen sind fester Bestandteil der Modeszene in Deutschland und werden auf der Fashion Week in Berlin gezeigt. Einem breiten Publikum bekannt wurde sie in den vergangenen Jahren wegen spektakulärer Modenschauen sowie ihrer Kooperation mit „Gemany's next Topmodel by Heidi Klum". Seit 2007 stattet das Label alle Finalsendungen der Casting-Show aus. Während im Atelier nebenan surrende Nähmaschinen bereits an zukünftigen Entwürfen arbeiten, kann die Kundin im Shop in Ruhe in der aktuellen Kollektion stöbern. Die lebendigen, oft farbenfrohen Designs aller Drucke stammen ebenso von Anja Gockel wie die feminine Mode, für die sie steht. Die Beratung erfolgt durch Fachpersonal und oft durch die Designerin persönlich. Da die Näherinnen sozusagen in Rufweite arbeiten, sind individuelle Anfertigungen und Anpassungen von XS bis XXL kein Problem. „Bei uns verlässt keine Frau den Shop mit einem Teil, das nicht wirklich sitzt", sagt Anja Gockel. Konzipiert wurde der optisch ansprechende Laden gemeinsam mit der renommierten Innenarchitektin Beate Lemmer. Schlichte Farben und kantiges schwarzes Mobiliar stehen in gewolltem Kontrast zu den farbenfrohen Kleidungsstücken.

Brockenhaus

„Alles außer Klamotten gibt es hier irgendwann mal", erklärt Inhaber Stefan Schmidt auf die Frage, was denn so alles im Brockenhaus zu finden sei. Beim Blick in den Hinterhof tut sich ein charmantes Durcheinander auf: Fahrräder unterschiedlichsten Alters, auf Sonnentage wartenden Liegestühle, Tennisschläger, ein Vogelhäuschen – und daneben ein Ölgemälde. Im Hinterhaus sind die gebrauchten Stücke über mehrere Ebenen verteilt. Der mit Gebrauchtwaren bestückte Gewölbekeller reicht vom Hinterhaus bis unter die Boppstraße. Die oft aus Haushaltsauflösungen oder Entrümpelungen stammenden Schätze liegen aber meist nicht lange. Vom Studenten, der Mama mit Kleinkind, „die einfach nur mal gucken" will und dann glücklich mit Omas Nähkasten von dannen zieht – bis zum passionierten Flohmarkt-Freak wird hier jeder froh.

Boppstraße 4 Mo.–Fr. 11–19 Uhr,
55118 Mainz-Neustadt Sa. 11–16 Uhr
Tel. 06131/612476

Kurfürstenstraße 9
55118 Mainz
Tel. 06131/8845693

www.bukafski.de
Mo.–Fr. 9.30–19 Uhr,
Sa. 9.30–18 Uhr

Bukafski

Wie bekommt man das „Buch" mit dem „Café" zusammen – und das Ganze dann noch in einen einzigen Namen verpackt? Die Lösung lag für Matthias Dölger in „Bukafski". Womit auch gleichzeitig eine Verneigung vor dem Autor Charles Bukowski einhergeht, der von Matthias und seinem Kollegen Roberto sehr geschätzt wird und dessen Literatur auch in größerer Auswahl im Regal zu finden ist.

„Nur" eine Buchhandlung aufzumachen, dass erschien dem gelernten Buchhändler zu riskant. Die Verbindung eines Buchladens mit einem Café war ihm jedoch aus dem angelsächsischen Raum bekannt und gab es so in Mainz noch nicht. Das Konzept geht auf: Kaffeeränder auf Büchern gibt's genauso wenig wie Kunden, die denken, das Bukafski sei eine Bibliothek. Im Vordergrund steht die Buchhandlung. Bei den Büchern liegt der Schwerpunkt auf der Belletristik und den Graphic Novels, Krimis und als weiterer großer Bereich bei Kinder- und Jugendbüchern. Natürlich sind auch Lyrik und Sachbücher im Sortiment. Man versucht inhaltliche Akzente zu setzen und arbeitet auch gezielt mit kleineren Verlagen zusammen. Außerdem werden im Bukafski regelmäßig Veranstaltungen angeboten, zum Beispiel Buchpremieren oder Lesungen von Autoren. Was die Kulinarik angeht, gibt es Kaffee und Getränke in verschiedensten Variationen sowie Kuchen, der von einer kleinen regionalen Konditorei extra für das Bukafski gebacken wird. Die Einrichtung ist bunt zusammengewürfelt. Dafür sind Matthias Dölger und sein Team quer durch die Republik gefahren. Jedes Stück im Bukafski hat seine eigene Geschichte.

Fuchs & Bente

Im November 2013 sind die beiden Schwägerinnen Franziska Fuchs und Bente Oelkers mit dem Geschäft in der Gaustraße an den Start gegangen. Eine Besonderheit ist die sich kontinuierlich verändernde Dekoration des Sortiments, weswegen man sich auch schon mal gerne am Schaufenster die Nase plattdrückt. Die Deko wirkt dabei immer so, wie es auch in einem gemütlichen, unkonventionellen Zuhause aussehen könnte. Anregungen wollen die beiden Frauen damit bieten, zum Beispiel für mögliche Farbkombinationen. Im Angebot sind schöne Dinge für den guten Geschmack. Und die reichen von Pflanzen, Lifestyle, Büchern und Magazinen bis hin zu Einrichtungsgegenständen wie Lampen oder Regalen und schönen Accessoires. Auch kleineren Produzenten soll im Geschäft eine Plattform geboten werden. Zu finden sind Vintage-Stücke, die von den beiden auf Flohmärten entdeckt und oft selbst aufbereitet werden. Es muss nicht immer alles auf „Neu" umgestellt werden oder komplett durchgestylt sein, meinen Fuchs und Bente. Regelmäßig werden abends Workshops angeboten. Dann wird der große Tisch freigeräumt und alle sitzen mitten im Laden.

Die Gaustraße sollte es als Ort von Anfang an sein: „Es ist eine frische, junge Straße, mit unglaublich netten Nachbarn", sagt Bente und Franziska fügt hinzu: „Obwohl wir nicht inmitten der Stadt sind, befinden wir uns in unmittelbarer Lauflage. Außerdem haben wir ein tolles Café gegenüber, die Straßenbahn, die hier rauf- und runterfährt, das hat einfach etwas. Also den Laden hätten wir wirklich nicht überall aufgemacht. Aber hier passt's."

Gaustraße 34
55116 Mainz
Tel. 06131/8905481

www.fuchs-bente.de
Mo.–Fr. 10–19 Uhr,
Sa. 10–16 Uhr

Weinhaus | **Shopping** | Kultur | Relax | Praktisch | Best of Mainz

Augustinerstr. 27
55116 Mainz
Tel. 06131/693 80 00

www.gaumenschnaus.de
Di.–Sa. 10–20 Uhr

Weinhaus | **Shopping** | Kultur | Relax | Praktisch | Best of Mainz

Gaumenschnaus

Aufgeteilt in Weinhandlung und Weinbistro, steht die Regionalität im „Gaumenschnaus" im Vordergrund. Im Angebot sind Weine Mainzer und rheinhessischer Winzer aus den sechs Weinanbaugebieten von Rheinland-Pfalz und – weil Mainz und Rheinhessen die einzigen deutschen Vertreter im weltweiten Netzwerk der Great Wine Capitals sind – Weine aus den Städten und Regionen dieser globalen Initiative. Außerdem berücksichtigt Inhaber Günter Schnaus Weine aus Weinanbaugebieten, in denen er persönlich positive Erfahrungen gemacht hat. Jenseits des Weinangebotes sind außerdem Öle, Gewürze und Pasten zu finden.

Im zugehörigen Bistro kann man hübsch drinnen oder draußen, vor dem Laden, sitzen. Zum Wein gibt es kleine Gerichte. Vom vinophilen Snob bis zum Alltagstrinker soll sich hier jeder wohlfühlen. Regelmäßig finden Ausstellungen statt.

Huthaus am Dom

Zweimal im Jahr sind die Schwestern Hanne und Uta Gieg auch in Paris und Mailand auf Messen, um genau das zu finden, was woanders so nicht zu haben ist. Das Ergebnis ist eine große, besonders breit gefächerte Auswahl an Damen- und Herrenhüten, für jeden Anlass und für alle Jahreszeiten. Allein die ständig wechselnde, detailreiche Schaufenstergestaltung des Huthauses ist sehenswert. „Von uns waren auch schon Hüte beim Kamelrennen in Dubai oder bei der Hochzeit von Kate in England dabei", freuen sich die beiden. Beliebt ist auch die große Auswahl an Schals oder des farblich immer passend zur Hutmode dekorierten, mitunter ausgefallenen Modeschmucks. Weshalb Kunden nicht nur aus Mainz, sondern aus dem gesamten Rhein-Main-Gebiet anreisen.

Seit 1913 gibt es das Huthaus, es war immer am Leichhof zuhause und zählt zu den traditionsreichsten Mainzer Geschäften. Schon damals warben die Besitzer mit „erstklassigen deutschen und tonangebenden ausländischen Fabrikaten" und boten „größte Auswahl in jeder Preislage". Ein gutes Jahrhundert später können die Besitzerinnen diese Werbung immer noch getrost für sich verwenden. Das Eckhaus am Leichhof wurde im August 1942 bis auf die Grundmauern zerstört. Die Mutter von Hanne und Uta Gieg hatte dort eine Ausbildung zur Hutverkäuferin gemacht. Gemeinsam mit ihrem Mann erstand sie das Grundstück und eröffnete an gleicher Stelle 1950 das Huthaus am Dom. Die Einrichtung des Geschäfts mit der wuchtigen Holz-Theke und den hohen Schränken stammt aus den 60er Jahren und gibt dem Laden einen ganz eigenen, fast ehrwürdigen Charme.

Johannisstr. 16 keine Website
55116 Mainz Mo.–Fr. 10–18.30 Uhr,
Tel. 06131/225596 Sa. 10–14 Uhr

Weinhaus | **Shopping** | Kultur | Relax | Praktisch | Best of Mainz

Scharngasse 18
55116 Mainz
Tel. 0177/596 01 65

www.janablume.de
Di. und Fr. 12 – 18 Uhr
Sa. 10 – 16 Uhr

Janablume Vintage

Schon als Kind gab sich Jana den Nachnamen „Blume". Ursprünglich der Liebe wegen hergekommen, lebt die Berlinerin nun seit sechs Jahren in Mainz. Sie hat den Vintage-Secondhand-Laden „Janablume" für Frauen in der Scharngasse 18 in der Nähe des Fischtors eröffnet, der kaum größer ist, als ein begehbarer Kleiderschrank. Über eine steile Wendeltreppe geht es aber noch in den Keller, wo gleichfalls Vintage-Mode und Accessoires aus vergangenen Jahrzehnten wie Schmuck, Sonnenbrillen, Wecker, Kameras, Ventilatoren, Taschen und vieles mehr an Unikaten zu finden sind. Ausstattungsaccessoires wie kleine Lampen, Tassen oder Eierwärmer liegen außerdem in den Regalen oder kreativ dekoriert in den Vitrinen. Jana gibt gerne jungen kreativen Mainzern die Chance, Selbstgefertigtes anzubieten. Schon als kleines Mädchen ist sie mit ihrer Mutter über alle Flohmärkte in Berlin gezogen und trägt heute selbst nur Vintage. Da stimme die Qualität noch, meint sie. Im Kreuzberger Umfeld in Berlin groß geworden, wollte sie einen ähnlichen Laden auch in ihrer neuen Heimat aufmachen. Die Sachen finden sie oder ihre Mutter, die Jana aktiv bei der Jagd auf originelle, trendige Retroklamotten und -accessoires unterstützt, auch auf Flohmärkten in Amsterdam oder London.

Vor dem Laden steht eine gemütliche Bank, auf der man auch einfach nur mal sitzen, ein bisschen plaudern – und das vom Markt mitgebrachte Frühstück genießen kann. Denn dass sich ihre Kundinnen in ihrem Laden ein bisschen wie zuhause fühlen, das sieht Jana besonders gerne.

Interview mit Jana Blume
Inhaberin von Janablume Vintage

Was ist der beste Moment des Tages für dich?
Der beste Moment für mich ist, wenn ein Mädchen oder eine Frau hereinkommt, ein Teil herauszieht – und jauchzt. Dann weiß ich, ich habe das richtige Kleid für die richtige Frau gefunden. Das ist der perfekte Moment für mich.

Wodurch fühlst du dich inspiriert?
Gespräche mit Menschen. Ich lese en masse Modezeitschriften, Wohnen und Lifestyle. Meine Reisen und insbesondere Städte, die diesen Vintage-Charme versprühen. Ich denke da z. B. an Utrecht in Holland. Und meine Kunden hier inspirieren mich natürlich.

Was liebst du an Mainz?
Mit Mainzern kommt man schnell ins Gespräch, das ist unglaublich. Ich bin mal beim Kaffeetrinken oder am Weinstand – und schon bin ich im Gespräch. Es ist hier auch kein Problem mal alleine irgendwohin zu gehen: Man findet immer Kontakt!

Und wie sieht dein perfekter Tag in Mainz aus?
Mein perfekter Tag sieht so aus, dass ich an einem Samstag mit meinem Schatz auf den Markt gehe und Blumen kaufe. Wenn ich arbeite, dann wünsche ich mir, dass die Sonne scheint und viele nette Menschen hierher kommen, um Sachen anzuprobieren. Später schließe ich dann und gehe in der Weinstube Hottum etwas essen.

Le Poivre

Wie das „Le Poivre" zu seinem Namen kam? Ganz einfach: „Pfeffer" ist der Nachname der charmanten Christine. Ihrer Liebe zu Frankreich haben die Mainzer das Lädchen mit der Lavendeltapete in der Altstadt zu verdanken.

Im „Le Poivre" sind nicht nur französische Dinge im Angebot, aber der Schwerpunkt liegt darauf. Dienstags und freitags werden frische Macarons, Petits Fours und Pralinen geliefert. In der „herzhaften" Theke stehen Salami, Schinken und Käse zur Auswahl. Gewürze, Soßen, Tapenaden, Essig und Öle, Fleisch- und Geflügelpasteten gibt es auch, aber auf keinen Fall Foie Gras, betont die Inhaberin. Der Wein und Sekt ist aber aus der Gegend, denn „etwas Regionalität muss sein", lautet Christine Pfeffers Philosophie.

Johannisstraße 12
55116 Mainz
Tel. 06131/9457220

www.le-poivre-feinkost.de
Mo.–Fr. 10–19 Uhr,
Sa. 9–16 Uhr

Adam-Karrillon-Str. 54
55118 Mainz
Tel. 06131/2122019

www.mainzer-kaffeemanufaktur.de
Öffnungszeiten: siehe Website

Mainzer Kaffeemanufaktur

Wie man diesen Laden findet? Immer der Nase nach! Die Mainzer Kaffeemanufaktur ist ein kleines, ziemlich versteckt liegendes Kaffeeparadies in einem Hinterhof der Adam-Karrillon-Straße. Der heutige Inhaber, Norbert Becker, übernahm die Privatrösterei vor rund zehn Jahren von Georg Geiling, der die Kaffeemanufaktur im Jahr 1926 gründete. Seit 1956 ist das frühere Familienunternehmen in der Neustadt ansässig. Der Rösterei vorgelagert ist ein rustikal-gemütlicher Kaffeeladen, in dem man vom aromatischen Duft umhüllt auch direkt vor Ort Kaffee trinken kann. Im hinteren Bereich wird der Kaffee gelagert, geröstet und gemischt. Auch die alte Röstmaschine ist sehenswert. 45 Kilogramm pro Röstung schafft sie und ist von Anfang an im Einsatz. In der Innenstadt hat die kleine Rösterei eine hübsche Dependance, das Café B20, in der Betzelstraße 20.

Marsico

Der Laden von Rosaria Marsico könnte auch irgendwo, weit weg, in Italien sein. Ist er aber nicht: Das kleine, typisch italienische Lädchen liegt mitten in der City, in der Hinteren Bleiche 17. Der Weg dorthin lohnt sich: Die Glasvitrine ist gefüllt mit der besten Mortadella der Stadt, allen möglichen Sorten leckerer italienischer Schinken und Salami – und auch beim Käse oder den Antipasti hat man die Qual der Wahl. Ein Geheim-Tipp ist das knusprige Brot. Die meisten Sachen in Rosaria Marsicos Feinkostladen stammen aus ihrer Heimat Kalabrien. Ursprünglich wollte Marsico ein Restaurant mit der typischen Küche aus ihrer Heimat Kalabrien eröffnen. Dazu kam es nicht, und so hat Rosaria am 11. März 1989 ihren kleinen italienischen Feinkostladen eröffnen können. Das Angebot hat sich seitdem weiterentwickelt: „Mit der Zeit bin ich von den großen Anbietern zu kleineren Herstellern gewechselt. Ich habe gemerkt, dass die Leute gerne individuellere Sachen haben", erzählt Rosaria. Die meisten Produkte stammen somit aus Kalabrien. Lediglich die große Käseauswahl kommt von unterschiedlichen Lieferanten – der eine hat sich mehr auf Käse aus Sardinien spezialisiert, der andere auf Sorten aus der Toskana oder aus Apulien.

Eine weitere Spezialität ist das lockere, immer frisch von einem italienischen Bäcker, ohne Zusatzstoffe gebackene knusprige Brot. Es passt einfach perfekt zur Wurst und zum Käse. Zu haben sind außerdem unterschiedliche Weiß- und Rotweine, diverse Grappe und frische Pasta, andere Nudeln und Kekssorten – und natürlich Tomaten als Grundlage für Soßen, aber auch leckere Pesto-Varianten.

Hintere Bleiche 17
55116 Mainz
Tel. 06131/2106941

keine Website
Mo.–Fr. 9.30–18.30 Uhr,
Sa. 8–15 Uhr

Weinhaus | Shopping | Kultur | Relax | Praktisch | Best of Mainz

Josefstraße 65
55118 Mainz
Tel. 0 61 31/61 49 76

www.natuerlich-mainz.de
Mo.–Fr. 8–20 Uhr,
Sa. 8–15 Uhr

Natürlich Mainz

Täglich wechselnde Suppen und Snacks im Bistro, eine fünf Meter lange Käsetheke, Obst und Gemüse aus dem Umland von ausgewählten Lieferanten, dafür steht das Mainzer Fachgeschäft mit einem besonderen Konzept und Angebot. Als gemeinnütziger Integrationsbetrieb schafft der Bioladen rund 30 Arbeitsplätze, insbesondere für Menschen mit Handicap. Die Beratung ist hier so kompetent wie freundlich. Es herrscht ein entspanntes Miteinander, was sich auch auf die Atmosphäre insgesamt wohltuend auswirkt.

Im Eingangsbereich befindet sich der Backwarenverkauf. Genuss und Vielfalt steht hier – wie im gesamten Laden – ganz klar vor Verzicht: Neben einer großen Auswahl an herzhaftem Brot sind auch fulminante Creme- und Obsttorten in der Vitrine zu bestaunen. Diese leckeren Kuchen sind nicht nur bio, sondern teilweise auch vegan und ebenso wie die frisch hergestellten Suppen und Snacks auch direkt vor Ort zu genießen. Überraschend groß ist übrigens auch das vegane Weinangebot, wie einem überhaupt die Getränkeauswahl – von ausgesuchten Biosäften bis zu einer größeren Auswahl von Craft-Beer-Sorten – die Qual der Wahl beschert. Insgesamt ist hier inmitten der Mainzer Neustadt ein besonderes Warensortiment zu finden, das dem Niveau eines gehobenen Feinkostladens entspricht. Das frische Obst stammt von vielen regionalen Händlern. Um ganzjährig liefern zu können, wird außerdem Ware von fünf verschiedenen Bio-Großhändlern bezogen. Gerne wird zudem auf individuelle Kundenwünsche eingegangen.

Serendipity

Hier ist der Name Programm! Wer den coolen Streetlook aus Berlin, Kopenhagen oder Wien liebt, ist bei Serendipity genau richtig. Inhaberin Jana Görg hat ursprünglich Geographie studiert und wählt ihre Kombinationen mit einem ausgeprägten Spürsinn für anziehbare Mode aus. Für Fans des skandinavischen Stils ist der im minimalistisch-stylischen Ambiente gehaltene Laden eine kleine Oase. Angeboten wird eine bunte Mischung aus etablierten Trendmarken – wie die skandinavischen Labels Modström oder Just Female – und Newcomer-Labels wie Wamasa aus Mainz. Die zum Look passenden Schuhe bezieht Jana bevorzugt aus Spanien.

Außerdem im Angebot sind Schmuck, Turnbeutel und andere Accessoires. Serendipity ist eine Boutique für Frauen, die entspannte Looks, eine klare Linie und ein junges Design suchen.

Neubrunnenstr. 15
55116 Mainz
Tel. 0171/2 98 92 59

www.findingsomethinggood.de
Mo.–Fr. 11–19 Uhr,
Sa. 11–16 Uhr

Hintere Bleiche 28
55118 Mainz
Tel. 0 61 31/5 70 28 32

www.uah.de
Mi. – Do. 16 – 19 Uhr,
Fr. 15 – 18 Uhr, Sa. 12 – 15 Uhr

Weinhaus | Shopping | Kultur | Relax | Praktisch | Best of Mainz

Uah! – Der Werkstattladen

„Uah" kommt eigentlich aus der Comic-Sprache. Es drückt „Überraschung", aber auch Freude aus. „Uah" könnte aber auch für „Umdruck, Ausdruck, Hochdruck" stehen, meint Thilo Weckmüller. Im Werkstattladen ist alles handgemacht! Stellen Thomas Bauer und Thilo Weckmüller Bücher her, dann werden diese nicht nur selbst getextet, sondern auch selbst gedruckt und selbst gebunden. Seit 2007 sind die kreativen Werke der freiberuflich wirkenden Künstler im eigenen kleinen Werkstattladen im Bleichenviertel oder auch auf Ausstellungen und Messen zu bekommen. Auffallend sind die ungewöhnlichen Blickwinkel, aus denen Thomas und Thilo ihre Stadt wahrnehmen und abbilden.

Nicht touristisch – sondern ungeschönt so, wie der Mainzer seine Stadt selbst wahrnimmt, wählen die beiden bekannte und weniger bekannte Orte und Plätze.

Weinraumwohnung

Wohnen, Gemütlichkeit und Wein, das gehört für Michael Reinfrank von der Weinraumwohnung einfach zusammen. Und deswegen steht im Weinladen auch ein Sofa. In der Neubrunnenstraße 14 hat er im März 2012 seinen Traum vom Verkauf von Wohnaccessoires und Wein im selben Geschäft verwirklicht. Dabei ist ihm wichtig, weder eine „Altherren-Weinhandlung" noch ein „Yuppie-Laden" zu sein. Einfach jeder soll sich hier wohlfühlen.

„Das Thema Wein hat mich schon immer fasziniert. So sehr, dass ich auch eine Ausbildung zum Winzer gemacht habe, obwohl wir zuhause gar kein eigenes Weingut haben", erzählt Michael. Es folgten eine weitere Ausbildung zum Weinbautechniker und das Sammeln praktischer Erfahrung im Weingut wie im Handel. Für letzteren schlug sein Herz, dem er dann folgte. Mit der „Weinraumwohnung" will er ein Konzept umsetzen, dass das Thema Wein entkrampft, zudem frisch und unkompliziert daherkommt. Das Weinangebot stammt in erster Linie aus Rheinhessen, der Pfalz, aber auch aus dem Rheingau und von der Nahe. Außerdem gibt es Sekt, Champagner, Spirituosen und eine kleine Auswahl Bier aus der Region. Im Angebot sind außerdem aus alten Schallplatten gefertigte Uhren und weitere Kleinigkeiten bis hin zur Schokolade. Außer der Weinraumwohnung hat Michael Reinfrank noch zwei weitere, eng mit dem Laden verknüpfte Standbeine. So betreut er das Portfolio für den Mainzer Online-Shop www.geileweine.de. Das dritte Standbein ist die inmitten der Stadt gelegene Mainzer Kurfürstenkellerei (www.kurfürstenkellerei.de), die er gemeinsam mit einem Partner zu neuem Leben erweckt hat.

Neubrunnenstr. 14
55116 Mainz
Tel. 06131/2154866

www.weinraumwohnung.de
Mo.–Fr. 9.30–19 Uhr,
Sa. 9.30–18 Uhr

Weinhaus | **Shopping** | Kultur | Relax | Praktisch | Best of Mainz

Kultur in Mainz

Mainz ist eine traditionsreiche Stadt mit Geschichte. Junge und alte Gebäude vermischen sich, geben der Stadt ihr Gesicht. Mainz hat keine spektakulären Wolkenkratzer. Dennoch ist hier eine große Vielfalt an Architektur zu erleben. Dazu zählen die neue Synagoge (s. S. 188) in der Mainzer Neustadt, die von dem italienischen Stararchitekten entworfenen Fuksas-Häuser (s. S. 190) am Markt oder auch das bis heute hochumstrittene Mainzer Rathaus (s. S. 192)

Das Kulturleben ist abwechslungsreich, besonders interessant sind aber die Nischen, die zum Beispiel durch die Arthouse-Kinos Capitol & Palatin (s. S. 170) und Ciné Mayence (s. S. 174) gefüllt werden. Und immer einen Besuch wert sind natürlich die Kammerspiele (s. S. 176) und das Unterhaus (s. S. 179)

Wer auf den Spuren der Römer unterwegs ist, wird nahezu an jeder Ecke fündig. Besonders eindrucksvoll ist die Präsentation des Isis-Tempels (s. S. 182) in der Römerpassage oder auch der Römerschiffe im Museum für Antike Schifffahrt. Immer wieder attraktiv ist für Familien mit Kindern ein Ausflug ins Naturhistorische Museum (s. S. 240). Mainz ist auch eine Stadt der Kirchen. Das Wahrzeichen ist der Dom (s. S. 198). Als ältester Sakralbau und erste Domkirche von Mainz gilt die schräg gegenüber dem Dom befindliche Johanniskirche (s. S. 194). Und die hoch über der Altstadt thronende St. Stephans-Kirche (s. S. 196) ist nicht nur wegen ihrer berühmten Chagall-Fenster sehenswert.

Capitol & Palatin

Eduard Zeiler und Jochen Seehuber übernahmen mit dem Capitol das älteste Mainzer Kino und hauchten auch dem Palatin mit seiner schillernden Geschichte neues Leben als Programmkino ein. Ins Capitol und Palatin geht ein buntgemischtes Publikum jeglichen Alters, das zwischen Cola und Popcorn noch das echte Kinoerlebnis sucht. Die beiden Kinos haben eine völlig unterschiedliche Aufteilung und Ausstattung.

Der publikumsträchtigste Film startet meistens im größten Saal, also im Capitol und wandert von da aus weiter in die kleineren Säle des Palatin, das vier, sehr unterschiedlich große Räume hat. Genau diese Konstellation ist es aber, die den Betreibern ein so variables Programm ermöglicht. Nostalgiker unter den Kino-Fans kommen im Capitol auf ihre Kosten. Das Lichtspielhaus hat bis heute seinen Charme bewahrt. Hier kommen Menschen her, die nicht nur den jeweiligen Film, sondern auch die schweren Vorhänge lieben, es sich gerne in den ausgesessenen roten Sesseln bequem machen und sich durch die heute schon fast kultige Stofftapete an ihre Kindheit erinnern, in der sie hier schon mal drei Stunden Anna Karenina inklusive Pause überstanden haben. Die beiden Kinomacher bieten ein reines Programm-Kino und nehmen zwar auch mal einen Mainstream-Film auf, haben aber dabei immer die kulturelle Relevanz im Visier. Dann wird solch einen Film zum Beispiel im Original gezeigt. Außerdem finden in den Kinos auch Vorträge, Konzerte, Gesprächsrunden, Partys und Kunstperformances statt. Lesungen und Filmdiskussionen mit Regiegästen runden das Angebot ab.

CAPITOL · Neubrunnenstraße 9
55116 Mainz
PALATIN · Hintere Bleiche 6–8
55116 Mainz

www.programmkinos-mainz.de
Tel. 0 6131 / 2 13 34 95

Weinhaus | Shopping | **Kultur** | Relax | Praktisch | Best of Mainz

Schillerstr. 11 · 55116 Mainz   www.cinemayence.de
Tel. 06131/228368   Öffnungszeiten: s. Website

CinéMayence

Kameraleute, Redakteure, Künstler und Literaten, die in Mainz ein anspruchsvolles Kinoprogramm vermissten, gründeten in den 70er Jahren das Stadtkino e.V. Immer auf der Suche nach einem festen Standort, tingelte das Stadtkino mit seinem Filmprogramm durch die Stadt. Auf französischem Terrain war man willkommen: Im Institut Francais wurde den Mainzer Kinomachern der ehemalige kleine Theatersaal zur Nutzung angeboten. Mit dem Umzug in den traditionsreichen Schönborner Hof, erfolgte als Hommage für so viel Gastfreundschaft die Umbenennung in CinéMayence.

In dem besonderen Ambiente mit roten Samtvorhängen und Stuck an der Decke zeigt das gesellschaftlich engagierte Studiokino keine Hollywood-Blockbuster, sondern Filme von fast allen Kontinenten, Stumm- und Kurzfilme und meist kleine Produktionen im Originalton.

Mainzer Kammerspiele

Sechs bis sieben Premieren, 45.000 Zuschauer und 250 Vorstellungen im Jahr: Seit fast 20 Jahren sind die Kammerspiele der belebende Faktor in der immer wieder von Leerständen betroffenen Malakoff-Passage. Die Kammerspiele sind ein Privattheater, in dem mehrere freie Ensembles – alle wirtschaftlich und künstlerisch eigenverantwortlich – parallel agieren. Womit dem kleinen charmanten Haus ein besonders großes Repertoire in den unterschiedlichsten Stilrichtungen – vom Schauspiel und der Komödie, über das Ballett und aktuelle Revuen bis hin zum Figurentheater für Kinder – ermöglicht wird. Das seit 1986 bestehende Theater wurde bereits in die Bauentwicklung der Malakoff-Passage eingeplant. Die Kammerspiele brauchten Platz, der Bau der Passage war in Mainz umstritten und mit dem Theater konnte man ihn aufwerten.

Walpodenstr. 1 · 55116 Mainz
Tel. 06131/232120
www.unterhaus-mainz.de

Infos zu Veranstaltungen und Vorverkauf im Internet oder telefonisch.

Mainzer Unterhaus

Unter dem Motto „Aufgepasst – hier ist's nicht angepasst!" läutet Abend für Abend eine Glocke die Vorstellungen im Mainzer Unterhaus ein. Kabarett, Lied und Chanson, Comedy und alle Mischformen der Kleinkunst werden in der besonderen Atmosphäre des Gewölbekellers seit 1966 gepflegt. Das „große Unterhaus" ist in einem Rundgewölbebau untergebracht, das „Unterhaus im Unterhaus" liegt die steile Treppe hoch, über dem „großen" Unterhaus. Deutschlandweit gilt das Mainzer Forum-Theater als eines der bedeutendsten Zentren der Kleinkunst. Stars der Szene und Newcomer stehen im Mainzer Unterhaus regelmäßig auf dem Programm. Auf zwei Bühnen verteilt finden über 500 Vorstellungen im Jahr statt. Ab und zu finden auch Veranstaltungen im Entrée statt. Darüber hinaus gastiert das Unterhaus auch des Öfteren im Frankfurter Hof.

Museum für Antike Schifffahrt

Ursprünglich als Lokschuppen errichtet, zwischenzeitlich als Markthalle genutzt, befindet sich in dem roten Sandsteingebäude am Rande der Mainzer Altstadt seit 1994 das Museum für Antike Schifffahrt. Die bei Aushubarbeiten im früheren antiken Hafenbereich in der Mainzer Löhrstraße gefundenen römischen Schiffswracks aus dem ersten und 4. Jahrhundert bildeten den Anlass zu seiner Gründung. Es handelte sich dabei um Grenzsicherungsschiffe, die den Rhein nach dem Fall des Limes als natürliche Grenze sicherten. Im Museum sind auch originalgetreu nachgebaute Militärschiffe der römischen Rheinflotte zu sehen. Auf der Galerie über der Ausstellung erhält man einen Überblick über die Geschichte des Schiffsbaus. Unterhalb der Galerie befindet sich der multifunktionale Aktionsbereich für Kinder und Jugendliche.

Neutorstraße 2 b
55116 Mainz
Tel. 0 61 31 / 9 12 40

www.rgzm.de
Di. – So. 10 – 18 Uhr,
Eintritt frei

Das Isis- und Mater-Magna-Heiligtum

Nach Abbruch einer alten Passage aus den 50er Jahren, wurden bei Aushubarbeiten für die Tiefgarage der heutigen Römerpassage die Fundamente eines bis dato unbekannten Heiligtums entdeckt. In einem unterirdischen Schauraum wurde die Tempelrekonstruktion für die Göttinnen Isis und Magna Mater der Allgemeinheit zugänglich gemacht und werden die wichtigsten Funde präsentiert.

Entstanden ist damit eine beeindruckende museale Inszenierung mitten in der City. Lichteffekte wie die Installation eines Sternenhimmels, wie er 69 n. Chr. nachts über Mainz leuchtete und die ansprechende Präsentation der in der Höhenlage des Originalfundorts gezeigten Fundamente, erlauben einen eindrucksvollen Blick in die Vergangenheit und lassen Raum für die eigene Phantasie. Der Tempel wurde vermutlich bis ins 3. Jahrhundert nach Christus genutzt und ist der altägyptischen Gottheit Isis sowie der römischen Magna Mater geweiht. Geopfert wurden in erster Linie Speiseopfer. Weil nördlich der Alpen bisher nur ein einziges weiteres „Isarium" gefunden wurde, gilt der Fund als wissenschaftliche Sensation. Dies auch vor dem Hintergrund, dass es außerhalb Italiens bisher keinen Beleg für eine gemeinsame Verehrung von Isis und Magna Mater an einem Ort gegeben hat. Dass gerade Mainz für eine derartige Tempelanlage in Frage kam, mag auch mit dem hier schon lange ausgeübten Kult um Drusus zusammenhängen. Multimedia-Elemente erleichtern den Zugang für Wissensdurstige und sorgen für spielerisches ‚Infotainment'.

Kunsthalle

Ausschließlich zeitgenössische Kunst wird in der Kunsthalle auf 840 Quadratmetern Ausstellungsfläche gezeigt. Im Zuge der Rheinregulierung entstand ab 1880 der Zoll- und Binnenhafen. Von den zwischen 1884 und 1887 errichteten Verwaltungs- und Lagerbauten übriggeblieben ist das frühere Maschinen- und Kesselhaus. In der umgebauten ‚Central-Maschinenhalle' ist seit dem 1. März 2008 die Kunsthalle beheimatet. Unverwechselbares Erkennungsmerkmal ist der in einem Neigungswinkel von sieben Grad aus dem Ausstellungsgebäude ragende „Schiefe Turm".

Einen grandiosen Ausblick über die Neustadt, das Zollhafen-Areal und den Rhein erlaubt der Ausstellungsraum im obersten Stock des 20 Meter hohen Turms, der zwischen das frühere Kesselhaus und den Lokschuppen, in dem heute ein Café ist, eingebaut wurde.

Am Zollhafen 3–5
55118 Mainz
Tel. 0 61 31 / 12 69 36

www.kunsthalle-mainz.de
Di., Do., Fr. 10 – 18 Uhr,
Mi. 10 – 21 Uhr,
Sa., So., feiertags 11 – 18 Uhr

Synagogenplatz
55118 Mainz
Tel. 06131/21088 00

www.jgmainz.de
Anfragen zu Führungen über
die Jüdische Gemeinde

Synagoge

Magenza, das jüdische Mainz, gehörte zusammen mit Worms und Speyer als eine der drei SCHUM-Städte zu den Zentren des abendländischen Judentums. Leider hat die über 1.000-jährige jüdische Geschichte in Mainz kaum sichtbare Spuren hinterlassen. In der Nacht zum 10. November 1938 wurde die Hauptsynagoge – wie andere Synagogen auch – von den Nationalsozialisten zerstört. Zu sehen sind heute lediglich die 1988 gefundenen Reste des ehemaligen Säulenvorhofs. 1996 befasste man sich mit dem Bau einer Synagoge, genau auf dem Platz, auf dem die frühere, einst von Stadtbaumeister Eduard Kreyßig erbaute Hauptsynagoge gestanden hat.

Am 3. September 2010 war es soweit: Mehr als 10.000 Bürger wollten die Synagoge am Tag der offenen Tür – zwei Tage nach der Einweihung – besichtigen. Wie ein monumentales Gebirge aus glitzerndem Metall ragen die fünf Zacken auf dem Synagogenplatz zwischen den Häusern der Mainzer Neustadt hervor. Geradlinig und abstrakt zugleich, ist die neue Synagoge schon aufgrund ihrer äußeren Architektur einen Weg wert. Die ungewöhnliche Silhouette des Neubaus ist dem hebräischen Wort „Qadushah" (Segen, Erhöhung) nachempfunden. Zacken und Gebäudeform des von dem Architekten Manuel Herz erbauten Gebäudes erinnern nicht nur zufällig an das Jüdische Museum in Berlin. Wer an einer Führung teilnimmt, dem erschließt sich das eine oder andere Rätsel in der Bauweise, z. B. dass die Erhöhung über dem Gebetssaal in Form eines Widderhorns gestaltet wurde, das von außen wie ein Turm wirkt. In der jüdischen Liturgie steht es u. a. für die Verbindung von Mensch und Gott.

Fuksas-Häuser

Die Bauten von Massimiliano Fuksas sind futuristisch, doch trotzdem aktuell und fügen sich in die vorhandene Architektur ein. Der italienische Stararchitekt benutzt häufig ungewöhnliche Formen. Seine Gebäude sind von außerordentlichen Konstruktionen geprägt. Häufig scheint es, als ob er mit der Technik sowie dem Design spielen würde. Es gab viel Aufregung in Mainz, als 2006 feststand, dass die mit ihren Fassaden das Stadtbild fast 30 Jahre lang prägenden Markthäuser abgerissen werden und Neubauten Platz machen sollten. Die bunten Fronten der historisch wirkenden Häuser auf dem Domplatz waren bei Einheimischen wie bei Touristen beliebt. Ein Architektenwettbewerb wurde ausgeschrieben. Dieser ließ auch Massimiliano Fuksas aufhorchen. Der international renommierte römische Architekt steht auch für die Entwürfe des Ferrari-Forschungszentrums in Maranello oder der 137 Meter hohen Zwillingstürme in Wien. Sein Vorschlag, die historische Marktfassade originalgetreu wiederherzustellen und damit eine Verbindung zur davor stehenden historischen Heunensäule sowie dem Renaissancebrunnen von 1526 zu schaffen, gefiel den Mainzern. Heiß diskutiert wurde sein damit in Verbindung stehender und gewagt wirkender architektonischer Brückenschlag zum Brandzentrum. Nachdem der Wohn- und Einkaufskomplex mit seiner lichtdurchfluteten „Stadt-Piazetta" im November 2008 der Öffentlichkeit übergeben wurde, bewegt man sich heute im Spannungsfeld der zwei Fassaden recht selbstverständlich. Mit Massimiliano Fuksas als federführendem Architekt schreibt nun auch die Stadt Mainz ein kleines Stück Architekturgeschichte.

Die Fuksas-Häuser sind umgeben vom Markt- und Rebstockplatz, sowie der Korbgasse

Jockel-Fuchs-Platz 1   Tel. 0 61 31/120
55122 Mainz   www.mainz.de

Mainzer Rathaus

Arne Jacobsens Mainzer Rathausbau von 1974 gehört zu den bedeutendsten öffentlichen Bauwerken der deutschen Nachkriegsmoderne. Er darf zugleich als Vermächtnis des dänischen Stararchitekten gelten. Jacobsen prägte Gebäude und Industrieprodukte des 20. Jahrhunderts und hinterließ damit ein Lebenswerk, das ihm einen herausragenden Rang in der internationalen Architekturgeschichte sichert. Das sechsstöckige Rathaus wurde von ihm 1966 entworfen und nach seinem Tod 1971 durch seine Mitarbeiter Hans Dissing und Otto Weitlin fertiggestellt. Es war das erste eigenständige kommunale Bauwerk in Mainz, das den Wiederaufstieg der im Zweiten Weltkrieg beinahe gänzlich zerstörten Stadt mit einer selbstbewussten, wenn auch monumentalen Geste ins Bewusstsein der Öffentlichkeit rücken sollte. Man entschied sich für den ehemaligen Halleplatz als Standort. Durch seine imposante, auf dreieckigem Grundriss mit Innenhof gebaute Form sowie seine Fassadenstruktur aus hellem norwegischem Marmor setzt der Architekturkomplex einen modernen Kontrapunkt zur Mainzer Altstadt. Das Rathaus ist auch repräsentativer Amtssitz für den Bürgermeister. Während der Bauzeit war das Jockel Fuchs (1965 – 1987). Weshalb die Mainzer ihr Rathaus bis heute spaßeshalber „Fuchsbau" titulieren. Der sich mit dunklem Rastergitter aus Aluminiumstäben präsentierende Bau unmittelbar am Rhein ist wegen des hohen Sanierungsbedarfs in die Diskussion geraten. Zudem mancher Mainzer kaum glauben will, dass das klotzige Verwaltungsgebäude inklusive des Ratssaals und den Stühlen unter Denkmalschutz steht.

Kirche St. Johannis

Als 2013 die Heizungsbauer anrückten, um der zweitältesten Kirche Deutschlands eine Fußbodenheizung einzubauen, konnte sich wohl kaum jemand vorstellen, welches Ausmaß die Innensanierung der von außen bescheiden und unscheinbar wirkenden Kirche haben würde. Während der Bauarbeiten konnte ein genauer Blick in die Tiefen des „Alten Doms", wie St. Johannis schon früher von den Mainzern genannt wurde, ermöglicht werden und man stieß dabei auf eine archäologische Sensation. Erbaut zur Zeit Kaisers Karl des Großen und 910 geweiht, soll St. Johannis die erste nach der Völkerwanderung errichtete Kathedrale nördlich der Alpen sein. Seit 1828 evangelische Stadtkirche, gilt sie nach dem Trierer Dom als die zweitälteste Kirche Deutschlands. In unmittelbarer Nachbarschaft ließ Erzbischof Willigis vor über 1.000 Jahren den Mainzer Dom St. Martin bauen.

Bischofsplatz 10
55116 Mainz
Tel. 0 61 31 / 23 42 27
www.johannis-mainz.de

Die Kirche ist derzeit nur am „Tag des offenen Denkmals" sowie am „Tag der offenen Kirchen" zu besichtigen.

Stefansplatz · 55116 Mainz
Tel. 0 6131/23 16 40
März–Okt.: Mo.–Sa. 10–17 Uhr,
So. 12–17 Uhr,

www.st-stephan-mainz.de
Nov.–Feb.:
Mo.–Sa. 10–16.30 Uhr,
So. 12–16.30 Uhr

Kirche St. Stephan

Wie kaum eine andere Kirche, verbindet St. Stephan Tradition und Moderne. Der über der Altstadt von Mainz aufragende Stephansturm prägt die Silhouette der Stadt. Weit über die Grenzen hinaus bekannt wurde die über der Altstadt von Mainz aufragende Hallenkirche aber erst durch die leuchtenden blauen Glasmalereien des jüdischen Künstlers Marc Chagall (1887 – 1985). Mehr als 200.000 Touristen aus der ganzen Welt pilgern inzwischen jährlich zur St. Stephans-Kirche, um die in den neun Chagall-Fenster erzählten Geschichten aus dem Alten und Neuen Testament im Ostchor der Kirche zu bewundern. Es handelt sich bei den in intensivem Blau leuchtenden gläsernen Kunstwerken nicht nur um das einzige sakrale Kunstwerk des Künstlers in Deutschland, sondern zugleich um das letzte von ihm zu Lebzeiten geschaffene Glaskunstwerk in dieser Dimension. Besonders sehenswert in St. Stephan ist auch der Kreuzgang im spätgotischen Stil. Er diente einst den Stiftsherren als Begräbnisstätte. Willigis, der Gründer von St. Stephan und Mainzer Dombauherr, soll in hier seine letzte Ruhestätte gefunden haben. Einst im romanischen Stil erbaut, wurde die größte Mainzer Kirche nach dem Dom durch die Explosion des nahe gelegenen Pulverturms 1857 stark beschädigt und während des Zweiten Weltkriegs bis auf die Grundmauern zerstört. Damit ging auch die Grabstätte von Willigis verloren. 1962 wurde St. Stephan wieder aufgebaut. Eine Besonderheit ist die Türmerwohnung, die sich hinter den grünen Klappläden in schwindelnder Höhe verbirgt. 350 Jahre lang versahen dort sieben namentlich bekannte Türmer ihren Dienst als Feuer- und Feindmelder. Der Weg hinauf lohnt insbesondere wegen der spektakulären Aussicht.

Dom St. Martin

Die größte Attraktion und zugleich Wahrzeichen von Mainz ist der Dom. Sieben Königskrönungen wurden im Mainzer Dom vollzogen. Und siebenmal wurde er durch Feuer zerstört. Immer wieder wurde die auf Eichholzpfahlgrundierungen gebaute romanische Pfeilerbasilika von den Mainzern neu aufgebaut. Fast jede Stilepoche hat dabei ihre Spuren hinterlassen. Eine Besonderheit der ältesten der romanischen Kirchen am gesamten Rhein – wie Worms und Speyer rheinischer Kaiserdom – ist die Ausrichtung des Hauptaltars im Westchor. Erzbischof Willigis übernahm viele Elemente von seinem römischen Vorbild Alt-St. Peter und beanspruchte wie seinerzeit der Papst die Möglichkeit, während des Vollzugs der Heiligen Wandlung gen Osten zu blicken. Außerdem beherbergt die auch in ihrem Innern imposante Krönungskirche eine der größten Grabstätten in Kirchengebäuden. Insgesamt 84 Erzbischöfe regierten in Mainz. Von ihnen wurden 45 im Dom bestattet. Seit 1928 werden die Bischöfe in einer eigenen Krypta unter dem Westchor begraben. Weitere Grabdenkmäler befinden sich an den Pfeilern und Wänden des Doms sowie im aus dem 15. Jahrhundert stammenden Kreuzgang. Der Mainzer Dom ist damit eine der an Grabmälern reichsten Bischofskirchen in Deutschland.

Die im Jahr 988 für Erzbischof Willigis gegossenen bronzenen Türflügel am Marktportal sind das älteste Ausstattungsstück des Doms. Der dreiflügelige, von 1397 bis 1410 erbaute Kreuzgang, ist ebenfalls einen Besuch wert. Ebenso wie das Bischöfliche Dom- und Diözesanmuseum.

Markt 10 Tel. 0 61 31/25 34 12
55116 Mainz www.mainz-dom.de

Weinhaus | Shopping | Kultur | **Relax** | Praktisch | Best of Mainz

Relaxen in Mainz

Fragt man Mainzer, was sie am meisten an ihrer Stadt schätzen, ist meist zu hören, es sei die Lage am Fluss! So sind sie tatsächlich das ganze Jahr über zu beobachten, wie sie am Ufer des Rheins entlangspazieren oder joggen, einfach nur relaxen oder grillen. Es gibt aber noch viele andere Möglichkeiten! Deswegen können die folgenden Vorschläge nur eine Auswahl sein.

Ein absoluter Klassiker unter den Spaziergängen ist der Drei-Brücken-Weg (s. S. 202). Zu einer Entdeckungsreise in die Vergangenheit lädt die Mainzer Zitadelle (s. S. 206) ein. Und natürlich sollte man einmal auf den Spuren Gutenbergs (s. S. 210) unterwegs gewesen sein.

Kleine grüne Oasen sorgen in der Stadt für wunderbare Entspannung. Manche sind ganz versteckt und dafür umso erlebenswerter. Dazu zählt beispielsweise der Stephansgarten (s. S. 214), im Schatten von St. Stephan. Oder der Serenadengarten (s. S. 218) im Weihergarten. Der Rosengarten (s. S. 216) in der Mainzer Oberstadt ist bekannter und immer einen Besuch wert.

Entspannung entsteht ja auch oft beim Tun. Wie wäre es mal mit Klettern? Das Blockwerk (s. S. 224) in der alten Waggonfabrik ist die ideale Adresse für Einsteiger und Profis. Oder Baden? Das ist mitten in der City, im Taubertsbergbad (s. S. 220), gut möglich. In der Coface-Arena (s. S. 222) kann man – zugegeben – den Ball nicht selbst zum Rollen bringen. Ein Muss für Sport-Fans ist der Besuch wegen der emotionsgeladenen Heimspiele von Fußball-Bundesligist Mainz 05 aber auf jeden Fall.

Drei-Brücken-Weg

Ein echter Klassiker ist für die Mainzer der Drei-Brücken-Weg. Ob per pedes oder per pedale – die rund acht Kilometer lange Tour bietet wunderbare Ausblicke auf das Mainzer Panorama, führt fast immer unmittelbar am Rhein und Main entlang und ist besonders abwechslungsreich. Die Malakoff-Terrasse ist ein idealer Ausgangspunkt. Übrigens auch, um die Tour mit einem der gelben MVG-Räder zu fahren. Es geht über die Drehbrücke und am Victor-Hugo-Ufer, die Mainmündung im Blick und zwischen Rhein und Winterhafen entlang. Ein erster Stopp lohnt im Bootshaus (s. S. 54). Über die Eisenbahnbrücke wird der Rhein überquert. Ein Abstecher zur Mainspitze lohnt wegen der Aussicht! Die nächste Brücke führt uns bald über den Main nach Kostheim und dann geht es, immer am Ufer entlang, am Weinprobierstand vorbei (Mainufer, Mai – August). Entlang der Franziska-Retzinger-Promenade gelangen wir wieder an den Rhein.

Hier führt der Panoramaweg vorbei am Freibad Maaraue (Tel. 0 61 34/28 56 64, Mai – September) zur über den früheren Floßhafen führenden Brücke. Nächstes Ziel ist die Kostheimer Reduit. Hier lässt es sich noch einmal toll im Garten vom Restaurant Bastion Schönborn (Rheinufer 12, Tel. 0 61 34/21 08 60) oder am zugehörigen Rheinstrand mit einem tollen Blick auf Mainz relaxen, bevor es über die Theodor-Heuss-Brücke zurück über den Rhein geht. In Mainz angekommen, links hinunter und am im Sommer künstlich aufgeschütteten Rheinstrand, der Rheingoldhalle und dem Rathaus vorbei, wandert oder radelt es sich nun gemütlich das Stresemann-Ufer entlang auf den Ausgangspunkt der Runde, die Malakoff-Terrasse zu.

Strecke: eben, ohne Steigungen Länge: ca. 8 Kilometer Start und Ziel: Malakoff-Terrasse

Weinhaus | Shopping | Kultur | **Relax** | Praktisch | Best of Mainz

Strecke: individuell
Länge: individuell
Start und Ziel: Die Zitadelle ist von zwei Seiten zugänglich:
Über die Windmühlenstraße und den Zitadellenweg (Bf Römisches Theater).

Die Zitadelle entdecken

Dass Mainz und Militär untrennbar zusammengehören, stellte schon Johann Wolfgang von Goethe fest. Weitläufige Festungsanlagen bestimmten das Bild der Stadt und prägten das Leben der Bevölkerung. Nach Ende des Dreißigjährigen Krieges wurde die Stadt zur Festung ausgebaut. Die dreihundertjährige Geschichte von Mainz als Festungsstadt endete erst im Jahr 1918 mit den Versailler Verträgen. Einige Bauwerke der früheren Festung Mainz sind auch heute noch zu sehen.

Die über der Altstadt, auf dem Jakobsberg thronende Zitadelle, ist das bedeutendste von ihnen. Um sie zu entdecken, sollte man etwas Zeit mitbringen. Schließlich lässt sich hier Mainzer Militärgeschichte auf engem Raum erleben: Das älteste Zeugnis ist der Drususstein, im 9. Jahrhundert n. Chr. zu Ehren des tödlich verunglückten Feldherren Drusus vom römischen Heer errichtet. Unmittelbar daneben lädt das Museum für Stadtgeschichte (Tel.: 0 61 31/62 96 37) zu einem Streifzug durch die Mainzer Historie ein. In den Kasernenbauten aus der Bundesfestungszeit im 19. Jahrhundert befinden sich heute städtische Ämter. Besonders sehenswert ist das in den Kasematten beheimatete Garnisonsmuseum (neben Kommandobau A, geöffnet zum Zitadellenfest und auf Anfrage Tel. 0 64 29/79 08). Von April bis Oktober werden Dank der die Initiative Zitadelle Mainz e. V. Führungen durch das unterirdische Festungswerk angeboten. Auch das jährliche Zitadellenfest ist einen Besuch wert. Außerdem finden auf dem weitläufigen Gelände immer wieder Open-Air-Veranstaltungen statt.

Weinhaus | Shopping | Kultur | **Relax** | Praktisch | Best of Mainz

Auf den Spuren Gutenbergs

Johannes Gutenberg wurde um das Jahr 1400 als Sohn eines Patriziers in Mainz geboren und starb auch dort im Jahr 1468. Ein halbes Jahrhundert bevor Kolumbus Amerika entdeckte, legte Johannes Gutenberg mit seinen Erfindungen das Fundament für moderne Medienkommunikation. Start des Weges ist der Gutenbergplatz. Prominent steht das im Jahr 1837 enthüllte Bronzestandbild Gutenbergs gegenüber dem Mainzer Staatstheater. Wir spazieren über die Domplätze, in Richtung Gutenberg-Museum (Liebfrauenstr. 5, Tel. 0 61 31/12 26 40). In der Korbgasse geht es am spätgotischen Hof zum Korb vorbei. Hier wurden die in Straßburg begonnenen und jahrelang in Mainz verfeinerten Versuche endlich erfolgreich: Der Überlieferung nach hatte Gutenberg hier seine zweite Druckwerkstatt, in der die erste Gutenbergbibel entstand. Weiter geht es in die Schusterstraße. Links, in der Alten Universitätsstraße, liegt die einst als Haus des Jesuitenkollegs erbaute Alte Universität. Der Erfinder selbst soll in der bis 1742 gegenüber gelegenen Franziskanerkirche begraben worden sein. Durch die Schusterstraße geht es bis zur Christophstraße. Eine Gedenktafel am Haus Nr. 2 (Apotheke) erläutert, dass Gutenberg hier geboren wurde und auch seine erste Druckwerkstatt einrichtete. Die neu gestaltete Ruine der Kirche St. Christophe gilt als seine Taufkirche. Das Taufbecken kann besichtigt werden. An der Ecke zur Hinteren Christofsgasse befindet sich der Algesheimer Hof, wo der größte Sohn der Stadt 1468 arm und nahezu vergessen gestorben sein soll.

Strecke: eben, ohne Steigungen
Länge: ca. 3 Kilometer
Start: Gutenberplatz
Ziel: Hintere Christofsgasse

Best of Mainz | 24 Stunden Mainz | Unterkunft | Restaurant | Café

Stefansstraße, unterhalb der Kirche St. Stephan, 55116 Mainz

Stephansgarten

Es ist nur eine unscheinbare Pforte, durch die man tritt. Und im Sommer umhüllt ist von zauberhaftem Rosen- und Lavendelduft. Die Stephanskirche und ihre Chagall-Fenster gehören untrennbar zusammen. Seit 2013 vervollständigt der neu gestaltete Stephansgarten das Ensemble und ist den Besuch wert.

Um den Bezug zu den Chagall-Fenstern zu schaffen, wurde bei der Bepflanzung bewusst die Farbe Blau aufgenommen. Mit dem Rücken zu St. Stephan sitzt man auf den Bänken und genießt den Blick über die Stadt und auf den Dom. Aufgrund 2007 notwendig gewordener Schutzmaßnahmen zum Erhalt der historischen Stützmauer ergab sich die einmalige Gelegenheit, den Stephansgarten neu zu gestalten. Die Terrassierung entlastet die Mauer und sichert die Neigung des Gartens mit schönen Travertin-Mauersteinen.

Rosengarten

Rosenfreunden wird hier das Herz aufgehen! Der Rosengarten ist ein Teil des Stadtparks. Angelegt wurde er nach Plänen des Niersteiner Gartenarchitekten August Waltenberg, als im Jahr 1925 der Verein deutscher Rosenfreunde in Mainz tagte. Noch heute ist seine Grundidee erkennbar, die den Garten in zwei senkrecht zueinander stehenden Bereichen zeigt. Anlässlich der Jubiläumsschau des Vereins wurde der Rosengarten im Jahr 1935 umgestaltet und vergrößert. Nach einer weiteren Umgestaltung im Jahr 1962 wurde das Areal unter Denkmalschutz gestellt. Erst in den letzten Jahren erfolgte eine weitere umfassende Sanierung. Heute befinden sich auf rund 9.500 Quadratmetern etwa 4.500 Rosen in ca. 100 unterschiedlichen Sorten, viele Sitzgelegenheiten und schöne Skulpturen. Zur besonderen Atmosphäre dieses Teils des Stadtparks trägt auch der hübsche Platz um den Mainblickbrunnen mit seinem Wasserspiel bei.

„Am Rosengarten", Zugang über den Stadtpark.
Öffnungszeiten: Der Rosengarten ist jederzeit frei zugänglich.

Weihergarten 5 · 55116 Mainz
Tel. 06131/246-0
www.schott-musik.de

Zugang: zu den Geschäftszeiten des Verlags von 9–17 Uhr.

Serenadengarten

Ein unverhofft mediterranes Ambiente befindet sich inmitten der Mainzer Altstadt: Wasserspiele, aus unterschiedlichsten Epochen stammend, unterstreichen die Idylle des mit südländischen Pflanzen begrünten Serenadenhofs. Wasserspeiende Frösche bewachen den Teich, in dessen Mitte sich ein Faun räkelt. In einer anderen Ecke schmückt ein Abbild des Herkules einen Springbrunnen italienischer Herkunft. Die Arkaden an der Stirnseite des Hofes werden von dem darüberliegenden Balkon mit prachtvollem schmiedeeisernem Geländer gekrönt, das aus den Trümmern des im Zweiten Weltkrieg zerstörten Kurfürstlichen Schlosses geborgen wurde. Bei der Neugestaltung des Hofs in den 50er Jahren fand es hier eine angemessene Verwendung. Das bis heute als deutscher Verlagssitz genutzte Patriziergebäude mit seinem palaisartigem Innenhof entstand 1793.

Taubertsbergbad

Das Taubertsbergbad liegt mitten in der Stadt und bietet für die ganze Familie Wasserspaß. Kommt das Sportbecken in der Halle eher für ambitionierte Schwimmer in Betracht, bietet das wohligwarme Wasser der Therme Entspannung und Regeneration. Außerhalb des Wassers bieten unterschiedliche Ruhezonen Entspannung. Für Sonnenanbeter steht im Freien eine Liegewiese zur Verfügung. Außerdem kann zwischen verschiedenen Sauna-Attraktionen auf zwei Ebenen im Innen- und Außenbereich gewählt werden. Erlebnisrutschen und eine „Kinderwelt" machen kleinen und großen Kindern Spaß. Im Sommer lädt das weitläufige Freibadgelände ein. Zur Auswahl stehen ein Schwimmbecken mit olympischen Ausmaßen, der Nichtschwimmer-Bereich mit Rutsche und ein Planschbecken mit Matschzone. Die große Liegewiese lädt zum Sonnenbad ein. Bäume bieten ausreichend Schatten.

Tel. 06131/58446-0　Mo., Di., Do., Sa., So.
www.taubertsbergbad.de　9.30 – 23 Uhr, Mi. 9.30 – 24 Uhr

Eugen-Salomon-Str. 1   www.coface-arena.de und
55128 Mainz   www.mainz-05.de
Infos zu den Führungen und
den Heimspielen:

Coface-Arena

Rot, markant und einfach unverwechselbar leuchtet das 2011 fertiggestellte neue Stadion des 1. FSV Mainz 05 am Europakreisel, am Stadtrand von Mainz hervor. Die Stadiongeometrie der von den Architekten agn Niederberghaus & Partner entworfenen Arena ist britischer Prägung. Was heißt, dass die Zuschauer möglichst nah am Spielfeld sitzen oder stehen und die Tribünen für eine gute Sicht ziemlich steil gehalten sind. Sportlich selbst betätigen kann man sich auf dem 105 x 68 Meter großen Spielfeld natürlich nicht. Wohl aber von einer der vier, von jeweils mächtigen Torbögen eingerahmten Tribünen, den stets spannenden Heimspielen des Bundesligisten mitfiebern oder das Stadion bei einer der interessanten Führungen entdecken. Rund 34.000 Menschen finden in der optisch einzigartigen Arena Platz.

Blockwerk Mainz

Als Ilijana und Ormonde Wilson bei der Suche nach dem richtigen Standort für ihre Boulderhalle auf die alte Waggonfabrik in Mainz-Mombach gestoßen sind, war beiden sofort klar: „Das ist es!" Das Blockwerk besticht durch den nostalgischen Industriecharme der unmittelbaren Umgebung. Und weil das Blockwerk mittlerweile auch zum beliebten Treffpunkt geworden ist, riecht es hier auch schon mal lecker nach Kaffee in Verbindung mit Magnesia-Staub. 2007 haben die beiden hier mit einer einzigen großen Halle angefangen. In dieser Haupthalle ist für jeden Schwierigkeitsgrad etwas im Angebot. Jede Woche werden die Griffe einer Farbe ausgewechselt, sauber gemacht und zu einer neuen Route zusammengestellt. Die zweite Halle, „Ponyhof" genannt, kam 2011 dazu und ist für Profis, die schon etwas mehr vom Bouldern verstehen und die absolute Herausforderung suchen. Das Blockwerk in Mainz-Mombach ist eine klassische Boulderhalle und hat ganzjährig geöffnet. Der Kletterspaß ist damit bei jedem Wind und Wetter garantiert. Diente Bouldern früher eher dem Training fürs Klettern, hat es sich heute zu einer eigenen Sportart entwickelt. Als Bouldern bezeichnet man das Klettern auf Absprunghöhe, weswegen die Wandhöhe auch maximal 4,50 Meter beträgt. Es wird grundsätzlich ohne Sicherungsmittel und Seil geklettert. Crashpads, so werden die auf dem Boden ausgelegten Weichbodenmatten genannt, federn eventuelle Stürze ab. Bewegt man sich am Fels in freier Natur eher in der Vertikalen, wird in der Halle an rauen Kunstwänden mit Plastikgriffen geklettert. Im Blockwerk kann man's auch einfach mal ausprobieren.

Gebäude 6328
Hauptstraße 17–19
55120 Mainz
Tel. 0 6131 / 2 50 09 27

www.kletterhalle-mainz.de
365 Tage im Jahr geöffnet,
Mo. – Sa. 11 – 23 Uhr, So. und
feiertags 11 – 21 Uhr

Relaxen für Familien

Goetheplatz

Mit seinem großen Wasserspielplatz mit kleinen Inseln, Fontänen und Elefantenrutsche wird eine schöne, zudem kostenlose Alternative zum Schwimmbadbesuch geboten. Unter Beteiligung der Bewohner wurde das Gelände neu gestaltet, Wege und Grünanlagen angelegt und die beliebte Rollschuhbahn saniert. Die Liegewiesen sind gleichzeitig Treffpunkt und grünes Zentrum für eine kunterbunte Mischung an Besuchern. Auf den rund 5.000 Quadratmetern vergnügt man sich hier in allen möglichen kulturellen Konstellationen und Altersklassen. Der Goetheplatz ist das Herzstück der Mainzer Neustadt und weist die größte Freifläche auf. Er ist deswegen ein besonders wichtiger Ort im öffentlichen Leben der Neustädter. Mittwochs von 16 bis 18 Uhr können auf dem Goetheplatz Kettcars, Bälle, Stelzen und andere Spielgeräte ausgeliehen werden.

Planschbecken

Der auf dem ehemaligen Bastionsring der Stadt angelegte Grüngürtel zieht sich vom Hauptbahnhof bis zum Stadtpark und ist eine der Oasen der Stadt. Das Planschbecken – oder der Planschgarten – liegt in der Nähe des Fichteplatzes und ist ein Teil dieses Grüngürtels. An heißen Sommertagen ist dieser Wasserspielplatz ein absolutes Muss. Auf der großen Fläche in der Mitte sind fest installierte große Sprenger verteilt, die auf Knopfdruck funktionieren. Außerdem gibt es noch ein Wasserbecken zur Erfrischung. Unmittelbar daneben ist ein Spielplatz mit traditionellen Spielgeräten. Ende der 20er Jahre schuf Ottokar Wagler (1881 – 1954) die Anlage. Er gilt als Mitgestalter der berühmten Berliner Hufeisensiedlung und war von 1928 bis 1933 Gartenbaudirektor in Mainz. In Mainz hinterlassen hat er eine bis heute erhaltene Pergola-Architektur mit Wasserbecken, Kiosk, Toilettenanlage und Spielbereich.

Am Fort Elisabeth (Agrippastraße/Drususwall)

Göttelmannstraße · 55130 Mainz-Weisenau

Volkspark

Hohe Bäume bieten Schatten an heißen Sommertagen, während die großen Rasenflächen ausreichend Platz zum Toben bereithalten. Auf dem Spielplatz üben sich die Kleinsten mit Schaufel und Eimerchen. Größere Kinder schweben auf der Schaukel durch die Lüfte oder nehmen das große Klettergerät in Beschlag.

Der Mainzer Volkspark ist ein großes grünes Freizeitgelände, auf dem man alles findet, was Kinder lieben: Und das reicht vom Abenteuer- und Wasserspielplatz, über Boule-Bahnen, Tischtennisplatten, die Rollschuhbahn und den Minigolfplatz bis zum Café Schwayer (Göttelmannstr. 40, Tel. 0 61 31/21 12 11). Ein weiteres Highlight ist die Mini-Eisenbahn, die den ganzen Tag im Park ihre Runden dreht. Das an den Stadtpark angrenzende Gelände ist gut mit öffentlichen Verkehrsmitteln zu erreichen. Parkplätze und behindertengerechte öffentliche Toiletten sind vorhanden.

Gewächshäuser im Botanischen Garten

Die Gartenanlage der Universität zählt mit ihren vielen seltenen Pflanzen zu den schönsten Orten der Stadt. Wer mit offenen Augen durch diese Vielfalt wandert, entdeckt immer wieder etwas Neues. Ob das die im Sommer durch hohes Gras zu tanzen scheinende Skulptur „Die Tänzer" von Eberhard Linke ist, der gigantische, über alles hinwegragende Urwelt-Mammutbaum – oder die bereits im Januar blühende Chinesische Winterblüte. Ein Highlight jedes Schlechtwetterprogramms sind aber die Gewächshäuser, die sich in einem eigenen Gartenbereich, mit separatem Zugang, befinden. Noch zum größten Teil stammen sie aus der Gründungszeit des Botanischen Gartens. Überwiegend als reine Sammlungshäuser zur Unterbringung der tropischen und subtropischen Pflanzen konzipiert, sind sie seit 1992 auch für Besucher geöffnet. Im Sommer wie im Winter ist es in den meisten Häusern warm. Für den Menschen manchmal vielleicht zu sehr. Je nachdem, ob man gerade im Sukkulentenhaus, bei den tropischen Nutzpflanzen oder bei den Kalthauspflanzen zu Besuch ist, merkt man schnell, dass jedes Haus einen seinen Bewohnern angepassten, ganz eigenen Charakter hat. Die meisten Gewächshäuser sind so bepflanzt, dass Besuchern ein anschauliches Erlebnis tropischer Pflanzenvielfalt geboten wird. Und obwohl die gesamte Anlage alles andere als modern oder besonders nutzerfreundlich aufbereitet ist – schließlich dienen die Anlagen der Forschung und der Lehre –, ist dieser Bereich immer einmal einen Besuch wert!

Anselm-Franz-von Bentzel-Weg www.botgarten.uni-mainz.de
55128 Mainz Tel. 06131/3922251

Druckladen

Anfassen, anpacken und kreativ sein, ist hier erwünscht. Geräusche und Gerüche der Werkstatt sollen „erfahren", die Tradition des alten Buchdruckverfahrens wachgehalten werden. So kann hier zum Beispiel an der über 100 Jahre alten Kniehebelpresse – an der eine Seite der Gutenberg-Bibel gedruckt werden kann – experimentiert werden. Die Ausstattung des Druckladens besteht aus aufgelösten Sammlungen, Druckereien oder Redaktionen. Auch wenn die Räume durch die alten Setzschränke oder Pressen aus der zweiten Hälfte des 19. Jahrhunderts fast wie ein Museum wirken – eine Nostalgieeinrichtung ist der Druckladen nicht. Alle Sinne sind gefragt, wenn es um die Anordnung von Lettern aus raren Schriftsätzen, die Qualität des Papiers oder die Intensität der Farbe geht. Experimentieren, auch mit größeren Formaten, kann man in der „Frottage-Abteilung", mit einer Durchdrucktechnik mithilfe von Schablonen. Und eine „Setzergasse", in der den Profis beim Arbeiten über die Schulter geschaut werden kann, gibt es auch.

Mit einem Missverständnis wird gleich aufgeräumt: Wird in der Schule gelehrt, Gutenberg habe den Druck mit beweglichen Lettern erfunden, wird der Besucher im Druckladen eines Besseren belehrt. Und auch im angeschlossenen Museum wird der Beweis geführt, dass dies nicht der Fall ist. Denn Gutenberg hat „nur" eine Form der Manufaktur, der vorindustriellen Herstellung erfunden. Dazu zählen die Metalllegierung, das Handgießinstrument und auch die berühmte Gutenberg-Presse. In Verbindung mit dem Druckladen bietet sich ein Besuch des benachbarten Gutenberg-Museums an.

Liebfrauenplatz 5 · Eingang
Seilergasse 1 · 55116 Mainz
Tel. 06131/122686

www.gutenberg-museum.de
Mo.–Fr. 9–17 Uhr,
Sa. 10–15 Uhr und
nach Vereinbarung

Reichsklarastr. 1
55116 Mainz
Tel. 06131/12 26 46

www.mainz.de/nhm/
Di. 10 – 20 Uhr, Mi. 10 – 14 Uhr,
Do. – So. 10 – 17 Uhr

Naturhistorisches Museum

Der Weg ins Museum erfolgt durch den modernen, gläsernen „Turm der Zeit". Zu den Besonderheiten der wissenschaftlichen Sammlung gehören neben Beutelwolf und Java-Nashorn die Präparate südafrikanischer Steppenzebras (Quaggas). Weltweit existieren nur noch 23 Exemplare dieser um die Jahrhundertwende ausgestorbenen Tiere. Das Mainzer Museum besitzt drei von ihnen, darunter ein Fohlen. Auch die Entwicklungsgeschichte der Pferde kann vom 45 Mio. Jahre alten Urpferd aus Eckfeld über die eiszeitlichen bis hin zu den heutigen Pferden nachvollzogen werden. Untergebracht ist das größte und bedeutendste Naturkundemuseum von Rheinland-Pfalz in einem früheren, im Jahr 1781 aufgehobenen Kloster. Zwischenzeitlich als Militärbäckerei, Magazin und Mehlspeicher genutzt, erfolgte 1906 der Umbau der Klostergebäude zum Naturhistorischen Museum. 1910 als städtisches Museum in der ehemaligen Klosterkirche eröffnet, erlangten die wissenschaftlichen Sammlungen schnell überregionale Beachtung. Ein großer Teil des Bestandes ging im Zweiten Weltkrieg verloren und erst 1962 war eine Öffnung des Museums für Besucher wieder möglich. Ein vielfältiges Programm für alle Alters- und Wissensstufen zu naturkundlichen Themen – von Führungen für die Jüngsten, Museumsspielen bis zur Schatzsuche im Museum – bietet die Museumspädagogik.

Mainzer Mundart – Meenz bleibt Määnz

Das „Mainzer Deutsch" zeigt Verwandtschaft mit dem Südhessischen Dialekt auf – und strotzt dabei auch noch nur so von französischen Anleihen. Dennoch handelt es sich um einen eigenständigen Stadtdialekt. „Meenzerisch" wird aber nicht nur in Mainz gesprochen – besser gesagt „gebabbelt". Es begegnet einem auch in dem Dreieck zwischen Bingen, Alzey und Worms, also in Rheinhessen.

Meenzerisch	Hochdeutsch
Amberasch	großer Aufwand
babbele	sprechen, reden
dabbisch	tolpatschig, ungeschickt
ebbes	etwas
Fisemadende	Umstände machen
Giggel	Huhn/Hahn
Halwe	Viertelliter Wein
iwwerzwerch	überquer, verkehrt
Krempel	Gerümpel, altes Zeug, Trödelkram
Labbeduddel	gutmütiges Schimpfwort für „Trottel"
Määnz oder Meenz	Mainz
Piffche	kleines Glas Wein
Pohdhammel	Schnake, Stechmücke
Quellkartoffel	Pellkartoffel („Quellkadoffel mit Hering")
Rachebutzer	saurer Wein
Tinnef	Schund, Dreck, wertloses Zeug
Urumbel	grober, ungeschlachter Mensch
Weck	Brötchen
Woi	Wein
Worscht	Wurst

Mainz in Zahlen
Quelle: Stadt Mainz, 30.06.2015

Einwohner:
210.568

Fläche:
linksrheinisch 9.776 ha
rechtsrheinisch (Amöneburg, Kastel, Kostheim) 2.269 ha

Geografische Daten:
50°, 00 Min., 00 Sek. nördlicher Breite
8°, 16 Min., 28 Sek. östlicher Länge

Höchster Punkt:
Auf der Muhl, Mainz-Ebersheim, 245 m über NN.

Tiefster Punkt:
Rheinufer in Mainz-Mombach, 82 m über NN.

Höchstes historisches Bauwerk:
Dom St. Martin, 84 Meter

Höchstes Gebäude:
Bonifatius-Türme, 95 Meter

Entfernungen:
Rhein-Main-Flughafen Frankfurt: 27 km
Luftlinie Mainz-Frankfurt: 30 km

Stadtbesichtigung mal anders

Es gibt viele Wege, eine Stadt zu erobern. Einfach auf eigene Faust losziehen. Sich akribisch an einen Stadtreiseführer halten. Eine professionelle Stadtführung buchen – oder mit Best of Mainz in der Hand die Rosinen der Stadt finden und genießen. Wie aber kommt ihr am einfachsten zu dem Café, dem Restaurant oder Kino, dass ihr euch ausgesucht habt? Mainz hat wegen seiner überschaubaren Größe den Vorteil, dass in der Innenstadt alles gut zu Fuß erreichbar ist. Wer dazu keine Lust hat, und spontan mit dem Rad unterwegs sein will, dem bietet sich das Miet-Radeln an. Das Fahrradvermietsystem von MVGmeinRad (www.mvg-mainz.de/mvgmeinrad) bietet mit über 100 Stationen 24 Stunden am Tag größte Flexibilität. Allerdings müsst ihr euch im Vorfeld einmalig online registrieren und braucht dann eine Kundenkarte, die ihr im Verkehrscenter Mainz bekommt. Zur optimalen Übersicht ladet ihr die MVGmeinRad-App herunter.

Eine Alternative ist die Fahrt mit der Rikscha durch Mainz. Die Rikscha Fee (Tel. 0 61 31/4 63 22 36, www.rikschafee.com) kann für Touren oder Stadtrundfahrten gebucht werden. Ein weiteres außergewöhnliches Gefährt, auf dem man durch die Stadt cruisen kann, ist der Segway. Zuerst gibt es durch Segway Citytour Mainz (Tel. 0 61 31/99 96 50, www.segway-citytour.de) einen Crash-Kurs in Sachen Bedienung – und dann geht es mit den flotten Elektro-Rollern quer durch die Domstadt. Und wer einfach nur ganz unkompliziert von A nach B will?

Der weiß dank der kostenlosen App „MVG Mainz" stets, wo die nächste Haltestelle in der Nähe ist und wann genau welche Bahn oder welcher Bus dort abfährt.

Great Wine Capitals (GWC)

Der Wein ist allgegenwärtig in Mainz! Seit dem Jahr 2008 zählt die Stadt, gemeinsam mit Rheinhessen, als einziger Vertreter Deutschlands zu den „Great Wine Capitals" (GWC). In dem globalen Netzwerk von Weltweinhauptstädten und angrenzenden Weinregionen vertreten Mainz und Rheinhessen Deutschland und den deutschen Wein damit exklusiv. Einmal pro Jahr führt das Netzwerk den Wettbewerb „Best Of Wine Tourism Awards" durch. In verschiedenen Kategorien können sich Weingüter und Anbieter mit Spitzenleistungen bewerben. Die Auszeichnungen werden auf nationaler wie auch auf internationaler Ebene vergeben. Zu den Preisträgern in Mainz zählen beispielsweise Geberts Weinstuben (s. S. 70) und das Hyatt Regency Mainz (s. S. 27). Oder auch die sehenswerte Sektkellerei Kupferberg (Kupferbergstr. 17, Tel.: 0 61 31/92 30) mit den historischen Kellern. Der Weinbau hat in Mainz Tradition, seit die Römer in Mogontiacum die ersten Reben zur Versorgung ihrer Truppen setzten. Spätestens seit dem Mittelalter und bis in die Neuzeit sind Weinanbau und -handel ein teilweise überregional bedeutender Wirtschaftsfaktor. In noch existenten alten Stadtplänen und Urkunden befinden sich zahlreiche Hinweise auf Weinberge und Reben, die seinerzeit auch innerhalb der Festungsmauern gediehen.

Bis der Weinanbau vollständig aus der Innenstadt verschwunden war, standen auch am Hang des Jakobsbergs, unterhalb der Zitadelle, bis noch vor etwa hundert Jahren die Rebzeilen dicht an dicht. Seit 2007 wachsen hier wieder Riesling- und Burgunderreben. Bis heute kann die Verbindung der Stadt zum Wein auf einer Vielzahl von Weinfesten und in den Mainzer Weinstuben erlebt werden.

Feste feiern in Mainz

Gefeiert wird in Mainz gerne und viel. Über die Grenzen der Stadt hinaus bekannt ist die Mainzer Fassenacht. Am 11. November erfolgt die Verkündung des närrischen Grundgesetzes am Schillerplatz. Ab dem Neujahrstag, wenn sich ab 11.11 Uhr die Neujahrsparade der Garden durch die Straßen zieht, finden Sitzungen, Bälle und Kokolores bis zum Aschermittwoch statt.

Während der Johannisnacht herrscht in der Innenstadt ausgelassene Volksfeststimmung. Traditionell endet das viertägige, dem Erfinder Johannes Gutenberg gewidmete Sommervergnügen, mit einem großen Feuerwerk über dem Rhein. Gleich einer langen Weintheke erstreckt sich am Rheinufer die Reihe von bunten Winzerständen aus der Region bei den Mainzer Weintagen (www.mainzer-weintage.de). Von April bis Oktober laden die Jungwinzer Rheinhessens jeweils am ersten Dienstag des Monats zur After-Work-Weinparty an die Theodor-Heuss-Brücke ein (www.mainzer-weinsalon.de). Am letzten August- und ersten September-Wochenende findet der Mainzer Weinmarkt statt. Für das Weinfest bieten der Mainzer Rosengarten und Stadtpark den besonders stimmungsvollen Rahmen. Viele Jahre ein Geheim-Tipp war das kleine gemütlich Weinfest im Kirchenstück am Rand der Hechtsheimer Weinberge. Anfang Juli sorgen hier die Winzer nicht nur für den edlen Tropfen, sondern auch für die passenden Leckereien.

Lichterüberstrahlt präsentieren sich die Domplätze zur Weihnachtszeit. Während der Adventszeit lockt der auf eine über 1200-jährige Tradition zurückblickende Weihnachtsmarkt zum Bummeln im Schatten des Doms.

Nachtleben

Wer in Mainz ausgehen möchte, findet ein breites Angebot an Kultur, Restaurants und Partylocations. Gründe zum Feiern gibt es auch genug – fehlt nur noch die passende Location

Das 50grad (Tel. 0 61 31/21 47 53, www.50grad.de) verdankt seinen Namen dem geografischen Standort. Bekannte DJs legen hier auf und ziehen feierwütige House- und Electro-Liebhaber an.

Einst Animierbar und Table-Dance-Schuppen, hat die Dorett Bar (Tel. 0 61 31/38 58 50, www.dorett-mainz.de) ihren einzigartigen Look im quirligen Bleichenviertel erhalten.

Ein Klassiker in der Club-Szene ist der Kulturclub schonschön (Tel. 0 61 31/4 94 44 11, www.schon-schoen.de). Einen Dresscode gibt es nicht, das Publikum ist bunt gemischt wie die Einrichtung.

Das Red Cat (Tel. 0 61 31/22 56 56, www.redcat-club.de) ist ein kleiner, kultiger Keller-Club. Es geht hinab in eine schummrig rot beleuchtete Katakombe mit plüschiger Bar und noch weiter hinab zur Tanzfläche. Die Musik in der roten Katze ist gemischt und hängt von den auflegenden DJs ab.

Ein kleiner, aber feiner Club ist das Roxy (Tel. 0 61 31/6 00 75 80, www.myroxy.de) am Bahnhof Römisches Theater, das sich selbst als 25plus-Club beschreibt. Getanzt wird hier unter Kronleuchtern und zwischen goldenen Säulen. Ein bisschen schick machen sollte man sich schon, um vor dem Türsteher zu bestehen.

Nützliche Adressen

Tourist Service Center

Das Tourist Service Center bietet Touristen und Gästen der Stadt ein umfangreiches Informationsangebot, auch Mainzerinnen und Mainzer sind herzlich willkommen!
Adresse: Tourist Service Center Mainz, Brückenturm am Rathaus, Rheinstr. 55, 55116 Mainz, Tel. 0 61 31/24 28 88, www.mainz-tourismus.com, Öffnungszeiten Mo. – Fr. 9 – 17 Uhr, Sa. 10 – 16 Uhr, So., Feiertags 11 – 15 Uhr

Taxi

Größere Taxistände sind am Mainzer Hauptbahnhof, Höfchen sowie Bahnhof Römisches Theater
Adresse: Taxizentrale Mainz, Tel. 0 61 31/91 09 10, www.taxi-mainz.de

Bus und Bahn

Alle wichtigen Bus- und Straßenbahnfahrpläne sind online unter www.mvg-mainz.de abrufbar. Die kostenfreie Smartphone-App, „MVG Mainz" zeigt die Abfahrtszeiten der Busse und Straßenbahnen in Mainz in Echtzeitfunktion an. Eine Kartenansicht mit Ermittlung des eigenen Standortes erleichtert die Suche nach der nächstgelegenen Haltestelle. Die App „MVG Mainz" steht kostenlos für iPhones und Android-Smartphones im jeweiligen Store zur Verfügung.

MVGmeinRad

Das Fahrradmietsystem der Mainzer Verkehrsgesellschaft (MVG) bietet an über 100 Stationen die Möglichkeit zum Fahrradverleih. Die Online-Registrierung im Vorfeld einer geplanten

Tour durch die City lohnt sich. Mit der MVGmeinRad-App für iPhones und Android-Smartphones kann man die Belegungen der Stationen anschauen. Die App „MVGmeinRad" steht kostenlos für iPhones und Android-Smartphones im jeweiligen Store zur Verfügung.

Anreise

Mit dem Auto
Die Mainzer Innenstadt ist auf vielen Wegen zu erreichen: A 643, A 63, A 60, L 419/Saarstraße

Mit dem Zug
Nach Mainz gibt es zahlreiche Direktverbindungen mit der Bahn. Die Fahrtzeiten aus Berlin oder Hamburg betragen für die einfache Strecke ca. fünf Stunden, aus München kommend werden bis in die Landeshauptstadt von Rheinland-Pfalz ca. vier Stunden benötigt.

Mit dem Flugzeug
Täglich wird der Flughafen Frankfurt von allen großen Städten aus Deutschland und anderen Europäischen Ländern angesteuert. Vom Flughafen aus verkehren mehrmals stündlich Züge nach Mainz.

Best-of-Mainz-BLOG

Genuss. Essen und Trinken. Stadt, Land und Leute. Shopping, Kultur und Freizeit. Mainzer Highlights und Geheim-Tipps. Und von allem das Beste! Der Blog hat die Entstehung dieses Buches begleitet und wird auch darüber hinaus bestehen.

Vorgestellt werden Menschen, Orte, Erlebnisse und Produkte. „Best of Mainz" filtert und empfiehlt die besten Adressen der Stadt. Nicht alles und jedes, sondern nur das wirklich Authentische und Besondere.

www.best-of-mainz.de

Persönliche Best-of-Adressen:

Best of Mainz | 24 Stunden Mainz | Unterkunft | Café | Restaurant

Weinhaus | Shopping | Kultur | Relax | Praktisch | **Best of Mainz**

Bildnachweis

Alle Bilder in diesem Buch stammen von Stefanie Jung, außer:

S. 23 Hof Ehrenfels
S. 25, 39 Hyatt Regency Mainz
S. 50 Gesa Kohlenbach
S. 56/57 Bootshaus
S. 88 Ristorante Incontro
S. 102 oben: Café Lönneberga
S. 186 Kunsthalle Mainz, Norbert Miguletz
S. 250, 254 Landeshauptstadt Mainz

Wir haben uns bemüht, die Inhaber der Urheber- und Nutzungsrechte für die Abbildungen zu ermitteln und deren Veröffentlichungsgenehmigung einzuholen. Falls dies in einzelnen Fällen nicht gelungen sein sollte, bitten wir die Inhaber der Rechte, sich an den Verlag zu wenden. Berechtigte Ansprüche werden selbstverständlich abgegolten.